"十四五"职业教育国家规划教材

融合型·新形态教材
复旦社云平台 fudanyun.cn

U0710839

自闭症儿童
心理发展与教育

连 翔 编著

融合型·新形态教材

复旦大學 出版社

内容提要

本书共十章，主要梳理了自闭症儿童的心理发展特点与教育支持活动。前四章在对国内外有关自闭症儿童的基本概念、出现率、预后现况进行介绍的基础上，进一步对自闭症儿童心理发展的相关理论以及自闭症儿童心理发展特点、心理发展水平的评估过程与评估工具进行探讨。在随后的六章中，编者结合教学实践，分别介绍了自闭症儿童感知觉、动作、语言、情绪与行为、认知、社会交往的发展与教育。每章的内容借助具体的图片、案例等形式呈现，主要介绍了自闭症儿童心理发展的相关概念、自闭症儿童心理发展的特点以及教育支持的策略与教育支持活动。

本书将心理学与教育学相结合，通过通俗易懂的语言以及多样化的表现形式，凸显自闭症儿童心理发展的特点，充分反映教学实践的过程。既可以作为特殊教育专业、学前教育专业的教学用书，也对特殊教育教师、自闭症儿童的父母以及社会的爱心人士具有较好的学习和参考价值。

为方便教师授课、学生学习，以及线上线下教学相结合，本教材配有PPT教学课件、微课视频、练习题及答案等资源，可登录复旦社云平台（www.fudanyun.cn）查看、获取。

▶【本书配套资源】

PPT教学课件

微课资源

配套练习

复旦社云平台
数字化教学支持说明

　　为提高教学服务水平，促进课程立体化建设，复旦大学出版社建设了"复旦社云平台"，为师生提供丰富的课程配套资源，可通过"电脑端"和"手机端"查看、获取。

【电脑端】

　　电脑端资源包括 PPT 课件、电子教案、习题答案、课程大纲、音频、视频等内容。可登录"复旦社云平台"（www.fudanyun.cn）浏览、下载。

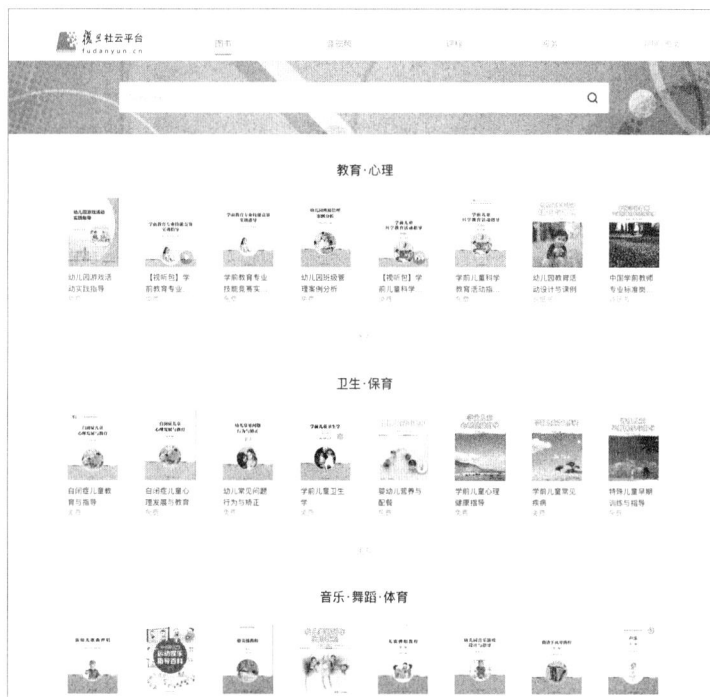

　　Step 1　登录网站"复旦社云平台"（www.fudanyun.cn），点击右上角"登录 / 注册"，使用手机号注册。

　　Step 2　在"搜索"栏输入相关书名，找到该书，点击进入。

　　Step 3　点击【配套资源】中的"下载"（首次使用需输入教师信息），即可下载。音频、视频内容可通过搜索该书【视听包】在线浏览。

 **【手机端】**

PPT 课件、音视频、阅读材料：用微信扫描书中二维码即可浏览。

扫码浏览

 【更多相关资源】

更多资源，如专家文章、活动设计案例、绘本阅读、环境创设、图书信息等，可关注"幼师宝"微信公众号，搜索、查阅。

平台技术支持热线：029-68518879。

"幼师宝"微信公众号

序　言

中国共产党第二十次全国代表大会(简称"二十大"),是在全国各族人民迈上全面建设社会主义现代化国家新征程、向第二个百年奋斗目标进军的关键时刻召开的一次十分重要的大会。学习、领会党的二十大精神,必须坚持全面准确,深入理解内涵,精准把握外延。作为高等教育教材,应体现中国共产党二十大精神,要坚持为党育人,全面提高人才自主培养质量,培养造就大批德才兼备的高素质人才。本教材在力保自闭症儿童教育与指导内容体系体现时代性的同时,在教学方法上注重把握规律性、富于创造性,能够初步指导学生完成对个案的观察和教学服务工作。同时,确保职业教育规划教材的内容体现思政内容、凸显职业特色,能够引导学生关注自闭症谱系障碍群体、理解自闭症谱系障碍群体;注重培养学生的敬业精神和深厚的教育情怀,加强对学生的思想教育,使其从思想深处接纳自闭症谱系障碍群体,了解自闭症谱系障碍群体的教育需求,并且提供有针对性的教育支持服务。

自闭症又称孤独症,是一种发生在3岁前的广泛性发育障碍。目前,国内外有关自闭症儿童的教育、康复、干预、治疗等相关研究较多。但是,还未有一项公认的研究结果,能够有效地证明何种方法对自闭症儿童的干预是有效的,或者无法证明自闭症儿童可以完全康复。因此,有关自闭症儿童的相关教育问题我们还只是在探索阶段。

为了能够为自闭症儿童提供有效的学习支持,国内外的学者从医学、教育学、心理学、社会学等不同学科的视角探讨了自闭症儿童的教育与干预问题。本书主要借鉴以往相关研究成果,从心理学的角度探讨自闭症儿童的动作、感知觉、认知、情绪与行为等心理发展的特点,以及针对自闭症儿童心理发展的特点辅以适当的学习支持和具体的学习活动,通过案例和支持策略,提高知识点的操作性、实践性,更好地为一线的教学工作提供借鉴,为自闭症儿童的父母提供支持。

本书共分为十章,分别介绍自闭症概述、自闭症儿童心理发展的相关理论、自闭症儿童心理发展的特点与评估、自闭症儿童感知觉的发展与教育、自闭症儿童动作的发展与教育、自闭症儿童语言的发展与教育、自闭症儿童情绪与行为的发展与教育、自闭症儿童认知的发展与教育、自闭症儿童社会交往能力的发展与教育。每章都附有图片、教育策略、支持活动以及案例分析,以此增强相关知识点的可读性、可懂性、可操作性。同时,本书不仅适用于指导一线教学工作,也适用于特殊教育专业的学生进行专业学习,拓展学生的专业视野。

编　者

目 录

第一章 自闭症概述

▶ 本章微课　PPT 教学课件

学习要点

1. 自闭症是一种发生在 3 岁前的广泛性发育障碍。

2. 自闭症的诊断需要经过发现、筛选、初步安置、制定教育计划四个步骤。

3. 由于各国和各地区的诊断标准不同,导致自闭症出现率的统计结果也存在差异。

4. 自闭症儿童成年后的预后不容乐观。自闭症儿童成年后的安置环境主要以家庭、庇护性工厂、社区为主。

5. 课程思政:正视人类进化的多元性,接纳和包容自闭症儿童,树立正确的教育观。

自 1943 年肯纳(Kanner)医生首次报道自闭症案例以来,人们开始逐渐对自闭症这个世界性的难题产生兴趣,并且不断关注自闭症的相关研究动向和研究问题。不过,目前依然有人会对自闭症究竟是心理问题还是精神问题而进行无休止的争论。认为自闭症是心理问题的观点,强调是父母的教养方式不当,而导致儿童患有自闭症;认为自闭症是精神疾病的观点,强调自闭症儿童无法进行教育或者干预。本章结合两方面的观点对自闭症的相关概念和现况进行探讨。

第一节　自闭症的概念

对于很多普校教师和父母而言,何谓自闭症还是一个不太明确的概念。社会方面对自闭症的解释也较为笼统或者缺乏统一的观点。甚至个别教师会根据自己实际的教学经验而进行片面的解释,导致社会对自闭症群体产生误解,从而表现出对自闭症群体的孤立态度。本节主要对相关概念进行解释说明,从而厘清自闭症的概念。

一、官方的界定

1991 年美国教育部将自闭症界定如下（张明平,2013）:自闭症是一种广泛性发育障碍,对言语性和非言语性的交流以及社会互动产生显著影响,通常在 3 岁前发病,并且会对教育产生不利的影响。自闭症男孩出现率比女孩出现率高出 4～5 倍。这种笼统的界定,只是向我们传递了两个重要信息:第一个信息指出自闭症是一种发育障碍,而且是广泛性的发育障碍,在心理发展的多个方面存在障碍;第二个信息指出自闭症的起病年龄发生在 3 岁前。所以,一些教师或者父母经常用这两个信息作为标准去衡量自己的孩子是不是患有自闭症。

美国精神医学协会的诊断标准当中提到(DSM-IV,1994):需要在下面(1)(2)(3)中,合计要有六项,其中至少二项属于(1),一项属于(2),一项属于(3)方可被诊断为自闭症。

(1) 在社会性互动方面有质的障碍,至少有下列二项以上的情形:

(a) 在运用下列各种非语言的行为上有显著的障碍,例如用以规范社会互动的眼睛注视、面部表情、身体姿势、手势等;

(b) 不能发展出与其程度相当的友谊;

(c) 不能自发地与人互享喜悦、兴趣或成就,例如不会向人展示个人所带来的东西或指向个人所感兴趣的物品;

(d) 缺乏社会性的或情感上的互动。

(2) 在沟通上有质的障碍,至少有下列一项的情形:

(a) 口语发展迟缓或毫无语言;

(b) 就已经发展出适当语言的儿童来说,他们在与人交谈时仍有相当大的困难打开话头或者使交谈者持续下去;

(c) 刻板地或反复地使用语言,或者以其个人专属的特别方式使用语言;

(d) 缺乏与其发展程度相当的各式各样的自发性的假扮游戏以及模仿性的社会游戏。

(3) 在行为、兴趣、活动方面有狭窄的、重复的、刻板的形式,至少有下列一项以上的行为:

(a) 偏好一种或多种刻板且狭窄的兴趣,然而无论兴趣的强度或兴趣的集中度来说都是不正常的;

(b) 很明显地,他们毫无弹性地执著于特定的、非功能性的日常事务或者仪式;

(c) 刻板且重复的动作习惯,例如拍手、扭手、扭手指、全身抖动;

(d) 对于物品的各种附件有着持久的偏好。

另外,3 岁以前在下列领域中,至少一项迟缓或者有功能上的异常:

(1) 社会互动;

(2) 社会沟通时的语言使用;

(3) 象征性或想象性游戏。

这样的标准虽然比美国教育部的界定更为准确和具体,但是早在1982年,美国精神医学会出版的《精神异常诊断和统计手册》(第三版)中就已经提出自闭症与精神病患无关,将自闭症列入广泛性发育障碍中的一种。所以,这样的诊断标准虽然较为具体,同时也误导了很多教师、家长或者社会人士,误认为自闭症就是精神障碍,甚至对自闭症采取隔离和拒绝的态度。

二、学术观点

1943年,美国临床心理学家肯纳(Kanner)第一次对自闭症进行命名,并将其描述为:

(1)无法和他人及情境建立关系,喜欢自我满足,像是在贝壳中,喜欢一个人独处,行为旁若无人,完全忘记自己,缺乏正常的社会行为。

(2)一般儿童4个月大时,当父母要抱他时,能主动调整动作等待拥抱,但是这群儿童在2岁或者3岁时,仍无法发展出期待被父母拥抱的动作。

(3)语言发展迟缓,能命名物品,强记物品名词的能力好,但却无法正常使用语言。到了2岁或者3岁时,所运用的字词、数字就像无意义的音节,完全不是为了达到语言沟通的目的。当孩子有组合句子的能力时,说话经常像鹦鹉学舌重复句子,有时会立即仿说,有时是延迟仿说。代名词反转经常出错。

(4)喂食有困难,对太大的声音或者移动的物体有害怕的反应。

(5)表现单一重复的行为,缺乏自发性的活动,强烈想要维持同一性。当改变作息时间、家具摆设位置时,会让儿童能够表现出强烈的抗拒行为,直到物品恢复原状,才能够平息情绪。

(6)喜欢旋转物品,尤其对有兴趣的物品会玩弄几个小时,但是兴趣和玩弄方式与同年龄儿童有较大差异。

(7)不懂得建立友伴关系,喜欢一个人玩弄玩具。

(8)喜欢注意人的照片,而不是人本身。

(9)有良好的认知潜能,生理发育正常。

此后,有学者提出,自闭症儿童的14项行为特征,包括:不易与其他儿童混在一起玩;听而不闻,好像聋哑人;抗拒学习;不害怕危险;不能接受作息的改变;用手势表达需要;不当的发笑和傻笑;不爱被拥抱;明显的过动;没有眼神接触;不当地依恋某些物品;旋转物品;持续怪异的玩法;冷漠的态度(Rendle-Short & Clancy,1968)。

《特殊教育辞典》指出,"自闭症"又称"孤独症"(Autism)。一种发生于3岁前儿童的较严重的发育性障碍。主要表现为以下几方面。

(1)社交困难。例如:表现为特别喜欢孤独,缺乏与他人的情感交流和对家长的依恋,对外界刺激无动于衷(图1-1)。

图 1-1　我喜欢的和不喜欢的

　　(2) 言语发育迟缓。例如：表现为社会交往中很少使用言语，有的代词颠倒、言语奇特、言语的可懂性差(图 1-2)。

图 1-2　我要……

（3）刻板或仪式性行为。例如：表现为强迫性坚持行为的同一格式,若改变则产生强烈的焦虑反应(朴永馨,2006,P333)(图1-3)。

图1-3　我是这样搭积木的

综上所述,自闭症又称孤独症、幼儿自闭症、儿童期自闭症、肯纳自闭症、肯纳症候群、幼儿精神病。我国大陆地区多称其为孤独症,港澳台地区以及欧美地区多称其为自闭症。本章节所称为的自闭症又称孤独症,是一种发生在3岁以前的广泛性发育障碍,表现为言语发展迟缓、行为异常、社交困难三个方面(排除阿斯伯格综合征、智力障碍、精神障碍等其他障碍群体)。

第二节　自闭症的诊断

现实生活中,教师和父母只能够发现儿童患有疑似自闭症倾向,却没有资格做出诊断。鉴别和诊断自闭症的工作是由医生来做的,而教师可以做评估。但是,作为一名教师也要具备一般的鉴别能力,对于集体中的个别儿童所表现出的异常行为,要给予关注以及适当的观察,可以及早建议父母带孩子就医,做到尽早发现,及早干预。

一、自闭症的诊断标准

自闭症的诊断项目主要包括三个方面：理学检查;基本检查(精神状态检查、语言能力检查、自我照顾能力以及社会适应能力评估);特殊检查(发展测验、智力测验)。

自闭症的诊断工具包括:基本身体检查、神经学检查工具;自闭症评量工具(克氏行为量表);发展能力评量工具(婴儿发展测验、学龄前儿童行为量表、标准化智力量表、其他语言或社会适应评量工具)。

具体的诊断标准,主要依据目前世界卫生组织出版的《国际疾病和相关健康问题统计分类》(第十版)(International Statistical Classification of Deseases and Related Health Problems,ICD-10)以及美国精神医学会出版的《精神异常诊断和统计手册》(第四版)(DSM-IV)和第四版正文修订版(DSM-IV-TR)。这些对自闭症的诊断基本相同,具体而言主要包括以下几个方面。

1. 于3岁前在下列领域中,至少有一项明显出现异常或者损害发展

(1) 社会沟通中所使用的接收或表达语言。

(2) 选择性社会依恋或互惠式社会互动的发展。

(3) 功能性或象征性游戏。

2. 在下面(1)、(2)、(3)中总共至少出现六项,其中(1)至少两项,(2)和(3)至少各一项

(1) 互惠式社会互动方面有质的异常,下列领域中至少出现两项:

① 无法适当地用眼注视、面部表情、身体姿势以及用手势去规范社会互动;

② 无法发展同伴关系(指心智年龄适当的并有充足的机会),包括互惠的分享兴趣、活动和情绪;

③ 缺乏社会情绪的互惠,表现在对他人的情绪反应异常,或无法根据社会情境调整行为,或社会、情绪和沟通行为的统整性薄弱;

④ 缺乏自发性地寻求与别人分享快乐、兴趣或成就(指缺乏展示、拿有兴趣的物品给别人看的能力)。

(2) 沟通方面有质的异常,下列领域中至少出现一项:

① 迟缓或完全缺乏口语的发展,不伴随企图用手势或模仿来弥补作为沟通的替代方式;

② 当和他人沟通进行互惠式应答时,相对地无法引发或维持对话;

③ 用语固定和重复,或使用特异的字或词;

④ 缺乏变化、自发性的假装或者社会性的模仿游戏。

(3) 行为、兴趣和活动方面,显现有限、重复和固定的模式,下列领域中至少出现一项:

① 心神被一种或多种固定、有限模式的兴趣所霸占,在内容和焦点上显得异常;或者在一种或多种兴趣上,强度和界限的性质上显得异常。

② 明显地强迫性坚持某种非功能性的作息或仪式。

③ 固定和重复的动作怪癖,包括手或手指头拍打或扭转,或者复杂的全身动作。

④ 心神被部分物品或玩具中非功能性的成分所霸占,例如:气味、表面感觉或者产生的噪音和震动。

3. 不是因为其他不同种类的广泛性发育障碍,例如:雷特综合症、早期精神分裂症、智力障碍等

二、自闭症的障碍等级

自闭症的障碍等级，大致可以包括极重度、重度、中度、轻度四类。根据台湾地区卫生主管部门的《身心障碍等级》规定，自闭症不同障碍程度在社会适应性行为以及语言方面的划分标准如下。

（一）极重度障碍

缺乏生存能力，社会功能有严重障碍。此类自闭症人群从完全缺乏生活自理能力至仅能取食物食用，若无人照料难以生存；大都处于自我刺激或反复工作状态，几乎完全缺乏与他人的互动能力。未达到学龄期的自闭症人群，其生活自理与社会性发展商数为 30 以下。

缺乏有意义的语言沟通功能。此类自闭症群体最多仅能理解极少数与生活有关的事物；表达方面最好者只能以推拉等肢体动作以及怪异行为表达需要，极少数人具有功能仿说。未达到学龄期的自闭症人群，其语言发展商数为 30 以下。

（二）重度障碍

家庭适应能力只有部分表现，社会功能有障碍。此类自闭症群体具备部分生活自理能力（需提示或协助），能被动参与少数熟悉固定的团体生活活动，几乎无工作适应能力；常常处于自我刺激或发呆或反复动作状态，仅对强烈的、新奇的或熟悉的外来刺激有反应。未达到学龄期的自闭症群体，其生活自理与社会性发展商数为 30～50。

沟通功能方面具有显著的偏差与迟滞，以仿说、推拉以及不易了解的生气、怪异行为为主要表达方法，可以表达少数日常生活需要（吃、喝、出行）。此类自闭症人群理解能力仅限于较常接触的事物；表达能力最多只能以单字或词汇主动表达少数基本需要，但可以主动或被动地仿说词或句子。未达到学龄期的自闭症群体，其语言发展商数为 30～50。

（三）中度障碍

学校或工作适应能力有部分表现，社会功能有障碍。此类自闭症群体具备完全生活自理能力，能遵守部分学校规定，也能够学习部分课业，或者在庇护性情境中从事单纯反复性工作，但是只有少数个体会主动与人互动，别人主动可能以正常或怪异固定的方式回应。未达到学龄期的自闭症群体，其生活自理能力与社会性发展商数为 50～70。

具有简单对话能力，但语言理解与表达均有明显的偏差。此类自闭症群体有兴趣的问题、熟悉的问题，可以主动或在提示之下发问，发问的语句常是短句、固定、反复、怪异的；对熟悉的语句仍夹杂仿说和代名词反转现象（但少于 50％）；可以用句子或词语表达部分生活上自己立即的需要。未到达学龄期的自闭症群体，其语言发展商数为 50～70。

（四）轻度障碍

社会功能近乎正常至轻度障碍者。此类自闭症群体通常具备完全生活自理能力,学校学习和一般学生相似,可以在保护性环境下工作,与人也能有情感交流,但仍然表现出过分依赖、退缩,或者过分友善、多话、开放的行为,同时其生活自理能力与社会性行为发展商数达 70 以上者。

语言功能近乎正常至轻度障碍者。此类自闭症群体语言理解与表达能力可以符合家庭、学校、工作生活的基本需要,但较一般人而言较为逊色;语法结构正常,但是使用的情境不甚恰当;词汇较少、句子较短或像背书一样;聊天、讲笑话等能力较差;谈话时缺乏主动性或者少"听"对方内容而做出反应,反应可能离题,谈话中断时缺乏使谈话继续下去的能力。未达到学龄期的自闭症群体,其语言发展商数达 70 以上。

三、自闭症的诊断人员

根据不同国家或地区有关特殊需要儿童鉴定人员的规定,以下将有关自闭症儿童的诊断人员总结为以下几个类别:

（1）制定有关自闭症儿童诊断政策或程序的行政人员;

（2）具有相关专业资质的专业人员,包括语言治疗师、物理治疗师、运动康复师、职业治疗师等;

（3）特殊教育学校的教师或主要负责人;

（4）实施诊断的医疗人员或工作者;

（5）被诊断者的监护人。

除此以外,各类幼儿园、学校内部都应该设立专门的特殊需要学生委员会,主要负责工作包括特殊教育工作规划、执行和宣导。主要目的是能够做到及早地筛查与早期干预,为自闭症儿童提供适切的学习支持。

至于有关自闭症儿童的诊断,除了专门的量表以外,还可以通过直接的观察、访谈等方式对儿童的行为进行记录,建立学习档案,以备可持续性地监控儿童的行为表现,为进一步的诊断奠定基础。

四、自闭症的诊断流程

自闭症的诊断流程大致可以包括四个方面。

（一）发现阶段

幼儿园中的教师或者儿童的父母以及其他社区人员,如果在生活中,发现儿童在沟通、社会交往或者情绪与行为方面出现异常,甚至是与同年龄儿童相比,在心理表现方面有较大差异,都可以直接向医院提出诊断要求,或者建议父母向医院提出咨询。一般都是由父母带领儿童到指定的儿童医院或妇幼保健院进行医学鉴定。

（二）筛选鉴定

由专门的医生负责对儿童进行标准化测验,例如:韦氏智力测验、韦氏幼儿智力量表修订版、瑞文推理测验。除此以外,还包括非正式的评量,例如:观察儿童的表现、家庭访问、教师和父母的访谈、教师评量、成绩单、行为检核表等。

（三）初步的安置

进过筛选鉴定以后,被列入特殊需要范畴的儿童,将接受新的转介与教育安置,其中包括融合幼儿园、特殊教育学校、康复机构等。安置之初,教师或教育部门,要听取父母对安置结果的意见。

（四）制订个别化教育计划

个别化教育计划(Individualized Education Programs, IEP),是指运用专业团队合作的方式,针对身心障碍学生个别差异所拟定的特殊教育及相关服务计划。学校或者机构应该在开学后一个月内拟定个别化教育计划,并且每学期至少检讨一次。个别化教育计划的主要内容如下:

(1) 学生认知能力、沟通能力、行动能力、情绪、人际关系、感官功能、健康状况、生活自理能力、语文、数学等学业能力的现况;

(2) 学生家庭状况;

(3) 学生身心障碍状况对其在普通班上课以及生活的影响;

(4) 适合学生的评量方式;

(5) 学生因行为问题影响学习者,其行政支援以及处理方式;

(6) 学年教育目标以及学期教育目标;

(7) 学生所需要的特殊教育以及相关专业服务;

(8) 学生能参与普通学校的时间以及项目;

(9) 学期教育目标是否达成的评估日期以及标准;

(10) 儿童在转衔阶段的需要,包括升学辅导、生活、就业、心理辅导以及其他相关专业服务。

第三节　自闭症的出现率

对于特殊教育工作者而言,自闭症儿童占普通儿童的比率有多少,关系到教育的资源投入与成效。因此,有必要进一步探讨关于自闭症儿童的出现率问题。

一、出现率与发生率

出现率一词,在医学领域常被认为是"流行率"。特殊教育领域内,多称其为"出现率"。所谓出现率是指在某一段时期内特殊需要儿童在学龄儿童总人口中所占人数比率。假定某一地区有学龄儿童30 000人,而被鉴定为自闭症儿童的学生有30人,则出现率的计算方法为30/30 000×100%＝0.1%,那么就可以认定该地区自闭症儿童的出现率为0.1%。

发生率是指发生的比率,一般指在一个固定的群体中特殊需要儿童新案例发生的次数。在发生率的计算过程中,某一案例可能会被重复计算,因为个别案例起初在某段时间内已经被列在发生率中,但是因为该案例过了一段时间消失了异常的特征表现,又在某一段时间出现类似异常特征行为表现,而又被重复计算在发生次数当中。

出现率与发生率最大的差别在于前者在计算特殊需要儿童患病的人数有多少,而后者在计算特殊需要儿童发生的次数有多少。一般而言,出现率对特殊教育工作具有较为重要的意义(王文科,1994)。

二、自闭症的出现率

据欧美国家1978年至1999年相关研究表明,自闭症患病率从5.8/万增加到14.9/万(Fombonne,2003)。2001年,美国报道3～10岁儿童中自闭症患病率为57/万,2002年英国报道5～17岁儿童中自闭症患病率为67/万(Heussler, et al.,2001)。根据中国残疾人联合会2009年保守估计,我国0～15岁的自闭症有150万,0～20岁以上的自闭症有500万。福建省1996年的调查报告显示自闭症患病率为2.8/万(罗维武等,2000);江苏省2001年的调查报告显示自闭症患病率为12.25/万(汪卫华等,2003);天津市2004年的报告显示自闭症患病率为10/万(郭荣,2004)。2004年北京市进行的2～6岁残疾儿童抽样调查中发现,在抽样的21 866名儿童中,被诊断为广泛性发育障碍的患儿有18人,其中自闭症16人,不典型自闭症1人,雷特综合征1人,患病率0.153%(杨晓玲,2006)。由于不同国家、地区文化背景迥异、评估标准不同,导致其统计结果有差异。

总而言之,有关自闭症儿童的界定以及评估工具的差异,而导致有关自闭症儿童的出现率的统计结果有所差异。同时,加上社会的大力宣传,也无形之中加深了社会对自闭症的认识以及关注。这些因素都影响着有关自闭症出现率的统计结果。

第四节　自闭症儿童成年后的预后与安置现状

父母对于自闭症儿童的预后问题都较为担忧,而且会出现不同程度的心理问题。相关研究发现父母都承担着不同程度的精神压力,而产生不良的负向情绪状态,例如:"人生最可怕的,莫过于看不到希望;莫过于拖累一个原本幸福的家庭;莫过于将来我们离开人世后,这些孩子无法预测的未来(柯进,2008)。""如果把我碾成粉末,能为我的孩子铺成一条安康的路,我将毫不犹豫地跳进粉碎机(罗光荣,2006)。"这些声音表明父母对自闭症儿童未来的生存状况背负了巨大的精神压力,而且产生了较多的负面情绪。父母的负面情绪不利于个人的身心发展,更不利于父母的生活和社交,同时也会影响自闭症儿童的生活,甚至影响自闭症儿童的学习以及后期的康复效果。因为,父母的教养方式和态度不会导致自闭症发病,但是父母的情绪会影响自闭症的干预效果(连翔,2013)。父母的负面情绪,主要是因为成年以后的自闭症群体依然缺乏良好的生活自理能力和独立性,同时又忧于不能获得良好的学习支持。所以,需要为成年以后的自闭症群体提供有效的学习支持,来改善自闭症儿童成年后的生存能力。

一、自闭症儿童成年后的预后现状

究竟是什么样的方法能够使自闭症摆脱困境,在不断的寻找和尝试中,残酷的现实一次又一次把父母无情地击倒。自闭症成年人的随访调查中只有 1.5% 的个体功能正常,35% 的个体介于"尚可与良好"之间,60% 的个体功能严重受损(Smalley,Asarnow,& Spence,1988)。还有学者发现只有 5%~17% 成年后的自闭症患者恢复良好,60%~70% 的自闭症成年人不能独立生活、无独立的社交能力并需终身监护,约 17%~25% 的自闭症成年人能独立生活但社交行为仍存在缺陷(Serra,et al.,2000)。国外相关研究还发现 59% 的自闭症成年人在青春期晚期或成年早期康复效果较差,仅有 4% 康复较好,在常态人群中几乎不被发现,其余 11% 有较明显的异常行为,长大后可以独立生活的自闭症成年人仅有 1 例(Piven,et al.,1990)。即使个别自闭症儿童成年后适应能力良好,由于缺乏社交技巧,也只有 20% 自闭症儿童成年后可以从事送报、发送牛奶或者整理超市货架等简单的重复劳动,其余在福利性工厂就业(Bolton,et al.,1994)。但是,由于社会适应功能有严重限制,自闭症儿童成年后还是会出现自我破坏、情绪暴躁、有攻击性、多动等问题行为的退化或恶化现象,还有个别自闭症儿童成年后会出现周期性或紧张性的精神分裂(Nordin,& Gillberg,1998)。

我国学者景晓路和杨晓玲(2001)对 61 名自闭症患者做跟踪性研究,发现干预后的自闭症群体智力有缺损者为 37 例(76%),6 例(12%)处于边缘状态,仅有 6 例(12%)智商超过 85 分;社会适应能力有缺损者为 42 例(88%),4 例(8%)属于边缘状态,仅 2 例(4%)达到正常水平。即使在成年以后,自闭症儿童成年后依然在沟通困难、情绪不稳、固执行为、人际关系不好以及动机低、活动量少等方面存在较多的问题行为(张正芬,1996)。

二、自闭症成年人的安置现状

当自闭症儿童成年后不再被特殊教育学校和机构收留时,自闭症儿童成年后的安置点只能是家中或者庇护工厂,甚至街头流浪乃至养老院等地方。2011 年一例自闭症患者无端殴打邻家女孩的事件被网友热议,并引起社会广泛关注(中国孤独症网,2011)。事件背后反映的问题就是自闭症儿童成年后教育衔接的不完整性,导致自闭症儿童成年后无法接受教育或无处安身。自 2011 年至 2012 年全国政协委员张黎明曾两次呼吁中国政府建立自闭症成年人养护机构或庇护性就业工厂。可是,时至今日自闭症儿童成年后的安置问题依然不容乐观。目前，一直在家、全天或半天在庇护工厂工作、白天在社区工作、全天在养护机构四种安置方式是自闭症儿童成年后主要的安置方式。参与庇护工厂工作或社区工作的自闭症成年人也都是以度日消遣为主，对于自闭症儿童成年后的身心发展无任何教育意义。

1943 年由肯纳(Kanner)报道过的 11 名自闭症儿童的追踪调查结果显示，只有 1 人大学毕业担任银行出纳员、1 人接受职业训练后担任公职、1 人进入收容所、2 人行踪不明、4 人进入州立精神病院接受长期看护；日本学者石井高明在 1978 年报道了 16 岁以上的自闭症患者中 7 人有固定工资职务、16 人在家里、8 人入残障机构、4 人入精神病院(孙敦科,2010)。肯纳(Kanner)与石井高明的研究结果极为相近，自闭症儿童成年后不良的安置现状仍占多数。国内研究中也发现对于适应不良的自闭症成年人仍然需要在医院、福利机构或者家中接受长期养护(王佳,2006)。

总而言之，自闭症的预后现状不容乐观，而有关自闭症成年人的安置环境也是问题频现，不利于对自闭症成年人进行持续性的学习支持和学习引导。

【本章小结】

本章节主要探讨了自闭症的概念、诊断、出现率、预后与安置现状。自闭症又称孤独症，是一种发生在 3 岁以前的广泛性发育障碍，表现为言语发展迟缓、行为异常、社交困难三个方面(排除阿斯伯格综合征、智力障碍、精神障碍等其他障碍群体)。

自闭症的诊断主要包括三个方面：理学检查；基本检查：精神状态检查、语言能力检查、自我照顾能力以及社会适应能力评估；特殊检查：发展测验、智力测验。自闭症的障碍等级包括极重度、重度、中度、轻度。参与自闭症诊断工作的人员包括了行政人员、专业人员、家长等群体。自闭症的诊断流程包括发现阶段、筛选阶段、初步的安置、制订个别化教育计划。

由于概念界定和诊断工具的不同，对于自闭症出现率的统计结果还有待商榷。目前，自闭症儿童成年后的预后现状不容乐观，而且安置现状也不利于他们继续接受学习支持。

案例思考

2016 年，我国某地区的麦当劳餐厅发生了一起令人深思的事件，事件的起因是一名自闭症青年所导致的。

一大早，可可的妈妈带着可可来麦当劳吃饭。麦当劳餐厅内有很多人，大家都在排队，而且没有空座位。于是，妈妈让可可站在自己的身边，等待着点餐。刚开始妈妈还是在可可身边，不许可可乱跑。但是，很快就轮到可可点餐了。妈妈正在给可可点餐，此时可可见到旁边有位叔叔正在吃薯条，于是可可就下意识地拿了一根薯条吃了。这个叔叔很生气，站起来对可可大发脾气，并且要求可可道歉。可可的妈妈见到可可闯了祸，便跑过来给叔叔道歉，并且一直向叔叔解释，可可患有自闭症障碍，他不会讲话。叔叔看到可可不肯道歉，而且还在笑，就动起手来，对可可大打出手，打得可可到处跑。而可可妈妈怎么道歉或者拉架都无法劝阻这位发脾气的叔叔。

最后,麦当劳方面主动报警,警察的到来才平息了此次事件,并且把打人者带到了派出所。此次事件一出,便引起媒体和社会的广泛关注。

思考题

1. 我们应该怎样接纳自闭症群体呢?

2. 自闭症群体需要参与社会活动吗?

3. 我们需要为自闭症群体提供哪些学习支持呢?

4. 认真贯彻党的二十大精神,如何全面提升特殊教育办学质量?

第二章 自闭症儿童心理发展的相关理论

自闭症儿童心理发展与教育

▶ 本章微课　　 PPT 教学课件

学习要点

1. 中央统合功能理论认为自闭症儿童存在弱中央统合的问题,自闭症儿童倾向于关注事物的局部而不善于关注整体。

2. 执行功能理论认为自闭症儿童的前额叶皮层受到损伤,而引起了一系列神经心理的缺陷,导致在计划、决策、认知灵活性、工作记忆、抑制等方面存在执行功能障碍。

3. 心理理论认为自闭症儿童缺乏理解自我和他人的愿望、意图和信念的心理状态,并且不能够依此对行为做出解释和预测的能力。

4. 碎镜理论认为自闭症儿童在模仿、社会认知能力、语言方面存在障碍是因为镜像神经元的功能障碍所致。

5. 课程思政:用心理理论科学分析自闭症儿童的心理发展特点,诠释自闭症儿童个体间差异和群体间差异。

目前,国内外相关研究理论对自闭症儿童的行为缺陷进行了解释和说明。对于个别自闭症儿童如何能够记住许久前发生的事件,包括年、月、日都倒背如流的孤岛能力进行了解释;对于个别自闭症儿童在音乐和数字以及其他方面表现的孤岛能力进行了解释和说明。同时,对于自闭症儿童为何不懂得与人交流;为何无法参与学校组织的学习活动,或者无法参与社会活动;为何不能做到生活自理等相关问题也进行了解释和说明。本章主要对相关的"中央统合功能"理论、"执行功能"理论、"心理"理论、"碎镜"理论进行具体阐述。

第一节 "中央统合功能"理论

有关自闭症为何会出现认知方面的优势或者特殊的认知特点,中央统合理论对其进行了客观的诠释。

一、中央统合功能理论

中央统合功能是指在正常的认知系统中,存在一种对尽可能广泛的刺激形成统合,对尽可能的广泛背景进行概括的固有的倾向。统合加工是内隐的、自动化的,促使信息能够被快速地解释。中央统合功能可以通过建立格式塔、语境等多种途径完成,被描述为顶底加工、整体加工、平行加工以及在语境中整合信息。这是人类信息加工的一种固有的倾向。有关自闭症儿童中央统合功能的研究结果不一致,相继出现了几个理论假设,其中最有影响力的是弱中央统合功能理论。

二、弱中央统合功能理论对自闭症行为特点的解释

自闭症儿童在信息加工过程中表现出注意细节加工,局部领域优先运作,对细节有很强的观察力,整体意义或情境意义常常被忽略。自闭症儿童这种在认知加工方面表现出集中于微小细节而忽略一般景色的趋势,反映了主管信息资源整合的中央系统的失能,即弱的中央统合功能。该理论认为自闭症儿童的非社会性特征都符合局部和整体信息加工的趋势,即他们难以对尽可能广泛的刺激形成统合,无法对尽可能的广泛背景进行概括,认知加工表现出注意局部细节而忽略整体的特点。

弱中央统合功能理论既能解释自闭症儿童认知和社交方面潜在的缺陷,也能解释其优势方面。正是因为自闭症儿童在信息整合和概念形成方面存在障碍,才导致自闭症儿童不能关注物体的整体,只能关注物体的局部;导致自闭症儿童注意涣散、不能理解深层次的含义,不能建立社交联系,也不能发展心理理论,甚至影响语言能力、社交能力的发展;常态人群负责保持经验信息整合的中央统合系统会抑制重复行为,而自闭症儿童由于中央统合系统的失能,导致了重复行为的产生。由于自闭症儿童擅长注意局部信息以及对细节有很强的观察力,使他们在知觉和注意方面有了特殊的优势,例如:自闭症儿童有很强的视觉空间能力,有些自闭症儿童在音乐、数学、美术方面有特殊天赋以及在智力拼图和其他空间技能的出色表现。

自闭症儿童弱中央统合功能的实证研究,一方面以非言语测量实验的低级中央统合功能的研究为主,包括视错觉图片判断、韦克斯勒积木设计任务、镶嵌图形测验等(图2-1);另一方面是基于言语测量实验的高级中央统合功能的研究为主,包括利用句子语境给多音字注音,给歧义句解歧等。

如图2-1所示,根据弱中央统合功能理论而言,自闭症儿童只关注局部细节而整体感知能力存在缺陷。因此,自闭症儿童很容易用积木拼出设计图形,而分割后的模式对自闭症儿童的影响较小。但是,常态儿童在分割后与不分割两种条件下成绩差异明显。

总之,中央统合功能理论发现自闭症儿童存在中央统合系统的失能现象,即弱中央统合功能。从而引发自闭症儿童对信息的处理,主要表现为倾向于对信息的局部关注,而忽视信息的整体。

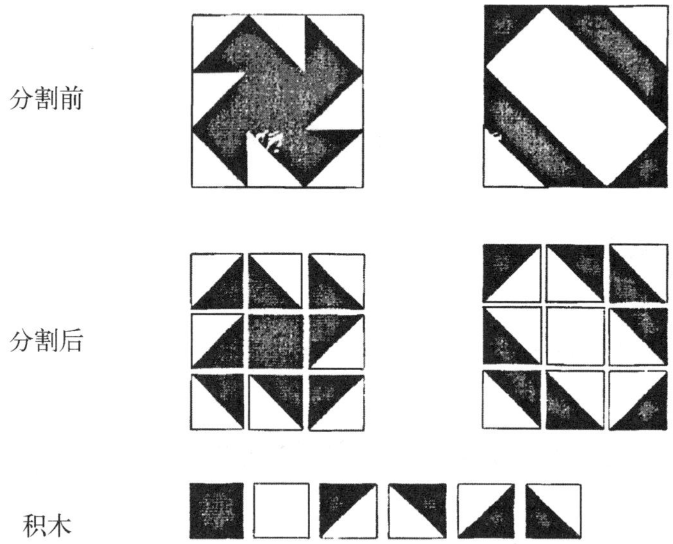

图 2-1 韦氏积木测验两种实验模式图示

第二节 "执行功能"理论

一、执行功能理论

执行功能的概念是出自前额叶皮层损伤的研究。执行功能被称作"额叶功能",就是将额叶的功能与执行功能等同起来(Jurado & Rosselli,2007)。执行功能受到前额叶和其他相关皮质区的共同调节作用,使个体对思想和行动进行有意识控制的心理过程包括及时的监控外部世界和内心活动,抑制或排除无关信息的干扰,选择必要的信息输入,从长时记忆中提取有关信息,对这些信息灵活地处理,并产生有序的动作和行为。前额叶皮层的损伤会引起一系列神经心理的缺陷,包括计划、决策、认知灵活性、工作记忆、抑制等(Moses,Carlson,& Sabbagh,2005,P65),这些都统称为"执行功能障碍"。

执行功能最早出现在个体发展的早期,大约在出生的第一年末期。执行功能的年龄跨度很大,重要的变化出现在 2～5 岁,12 岁左右许多执行功能测试的标准达到成人水平,某些指标持续发展到成年期。学前期以后,执行功能各方面都存在系统性的变化,它们之间是相互促进、共同发展的。执行功能的发展与语言、记忆等密不可分,不同的儿童发展障碍类型都可能引发执行功能不同方面的缺陷。

二、执行功能障碍理论对自闭症行为特点的解释

因为人类的社会互动与沟通行为相当复杂,涉及了各种执行功能的表现,包括目标设定、计划与组织、自我监控、结果评估等。因此,自闭症儿童在社会性互动与沟通方面的障碍可以用执行功能障碍理论进行合理的解释。执行功能障碍理论最早可以追溯到 1978 年 Damasio 与 Maurer 对自闭症执行功能障碍的研究报道,他们首次将自闭症与脑部额叶受损的儿童对任务的执行情况进行了对比研究,并且提出了执行功能障碍理论,以此来解释自闭症在执行功能方面的缺陷。执行功能主要表现在个体计划能力、工作记忆、抑制控制、自我监控等方面。

个体计划能力的测试中,自闭症儿童的表现与常态儿童以及其他障碍儿童存在显著差异性。但是,自闭症儿童在计划能力的测试中,所表现的缺陷仅仅体现在处理复杂问题时,这意味着自闭症儿童计划能力的不足只是体现在高级计划能力方面较为匮乏。处理日常生活事件所需要的正是这种高级的计划能力。所以,这就可以很好地解释自闭症在日常生活中所表现出来的计划困难。目前,计划能力的实验,主要是"河内塔"任务(图 2-2)和"伦敦塔"任务。

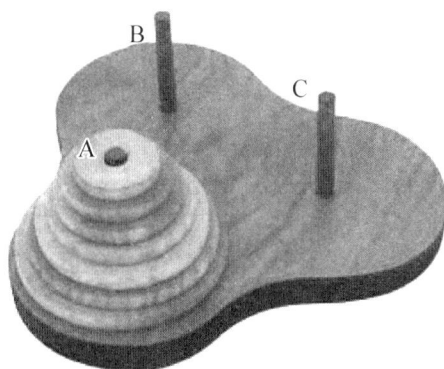

图 2-2 "河内塔"任务

工作记忆是一种对信息进行短暂的存储并且能够对其进行加工处理的记忆系统。工作记忆区别于短时记忆,工作记忆在接收信息的同时能够提取整合出有用的信息,并传入短时记忆进行储存。自闭症儿童的记忆水平明显逊色于常态儿童,主要表现在空间工作记忆、工作记忆容量等方面与常态儿童之间有较大差别,甚至与注意缺陷多动障碍儿童、学习障碍儿童之间也存在差异。目前有关工作记忆的测验,主要包括词长测验、空间工作记忆任务、找盒子任务等。

抑制控制是指在实现某个认知表征的目标时抑制无关刺激的能力,表现为激活和抑制一对注意功能。简而言之,抑制控制主要是个体处理多重信息和将行为组织成逻辑顺序的能力。目前,仅有的相关研究并没有证明自闭症在抑制控制方面与常态儿童之间存在差异。

自我监控是一种监控并且调整自己思想和行为的能力。自闭症在自我监控方面的表现是否存在缺陷或者是否与常态儿童之间存在差异,还没有明确的定论。主要的原因是因为以往研究使用的测验不一致,关于测验本身也没有得到广泛的认同。因此,有关自闭症自我监控方面的测验还需要持续性地进行深入研究和探讨。

总之,执行功能理论认为自闭症是因为额叶功能受损而导致计划能力、执行功能等方面出现了障碍,并且在自我监控、抑制控制等方面存在障碍,而影响自闭症儿童的行为表现。

第三节 "心理"理论

一、心理理论

心理理论,又称为心智理论,主要是指个体理解自我和他人的愿望、意图和信念的心理状态,并且能够依此对行为做出解释和预测的能力。心理理论的研究,最早可以追溯到1978年 Premack 与 Woodruff 对黑猩猩的研究,当时的研究目的是要了解黑猩猩能否有推测他人想法、选择正确解决方案的能力。此后,Wimmer 与 Perner(1983)通过实验测试了常态儿童的错误信念(图2-3)。

图2-3 心理理论测验图示

图2-3是一个经典式的心理理论测验图示。该图中一位母亲把钱交给了一名小朋友,小朋友把钱放在了书包内。当小朋友离开家以后,母亲故意将书包内的钱放在了抽屉里。此时,实验者就会问观看图片的小朋友,图中的小朋友回到家以后,是在书包内找钱还是在抽屉里找钱。

测试结果表明,4岁以前的小朋友对于这个问题的回答,基本上是认为图中的小朋友会到抽屉里找钱。而4岁以后的小朋友则认为,图片中的小朋友会在书包里找钱。根据测试结果,实验者认为对于常态儿童而言,2岁以后的儿童基本上能理解愿望和意图,并且能够了解愿望和意图都是与某种满足或不满足的结果相联系。同时,常态儿童也能够认识到愿望、知觉、情绪和结果之间简单的因果关系。

总之,4 岁至 5 岁以后的常态儿童,基本上可以具备心理理论的能力,此时的常态儿童能够理解自己的错误信念,也能够理解别人的错误信念。同时,不仅能够意识到在同一种情境之下不同的人会有不同的信念,也能够区分自己的信念与别人信念的不同。

二、心理薄弱论对自闭症行为特点的解释

最早研究自闭症心理理论的 Baron-Cohen 等人(1985),利用事先设计好的"莎莉和安妮"故事情节,对自闭症儿童进行实验。研究结果表明,自闭症儿童不具备基本的心理理论,被称作"心理薄弱论"或者"心智缺陷论"。主要说明自闭症儿童并不具备像常态儿童一样的、自然而渐进地获得心理理论的能力,在理解别人的心理上存在缺陷。

Baron-Cohen 与 Howlin(1993)通过研究,指出自闭症的心理薄弱论包括下列特征。

(1) 对他人的感觉不敏感,例如:自闭症儿童会不顾及老师的个人感受,而直接评价老师脸上的斑点。

(2) 无法了解他人的经验可能和自己的不同,例如:自闭症儿童在讲述事件发生的过程时,只讲述部分内容。因为自闭症儿童会认为别人会知道他未讲的部分。

(3) 无法解读他人的意图,例如:同伴捉弄或者嘲笑自闭症儿童时,自闭症儿童无法了解同伴的行为是在嘲弄自己。

(4) 无法了解他人对自己的言论是否感兴趣,例如:自闭症儿童每次在谈话时,只限于自己感兴趣的话题,无法了解别人对该话题不感兴趣。

(5) 无法预期他人对自己的行为可能会产生的想法,例如:自闭症儿童无法理解,自己不断地询问他人的隐私,会造成被人认为他在恶意骚扰。

(6) 无法了解他人可能会犯错,例如:无法原谅别人的无心过错,认为别人是故意和自己做对而攻击别人。

(7) 无法欺骗他人或了解欺骗行为,例如:无法区别好人和坏人,即使坏人询问自己,也会如实回答,导致自己的物品被盗。

(8) 无法了解别人行为后面的动机,例如:亲戚好意帮助自闭症成年人谋了一份轻松的工作。但是,自闭症成年人会认为亲戚是故意嫌弃他,而无法体会别人的好意。

总之,心理薄弱论认为自闭症儿童的社会性障碍是因为自闭症儿童无法根据潜在的心理状态,来解释复杂的社会行为而造成的。交流障碍是因为自闭症儿童不能认识到他人的心理状态和自己的不同,从而缺乏交流动机。

第四节 "碎镜"理论

一、碎镜理论

碎镜理论的提出源于镜像神经元的发现。20 世纪 90 年代初，Rizzolatti 等人在研究恒河猴运动皮层神经元放电现象时，意外地发现这类具有镜像功能的特殊神经元。研究者们将这种像镜子一样可以在自己的运动皮层中映射其他人动作的神经元定名为镜像神经元。后期的研究发现，人类的大脑中也有类似的镜像神经元，主要位于顶下叶和额下回区域，也有研究发现在人类的脑后顶叶区、上颞叶沟和脑岛中叶也有大量的镜像神经元细胞（Rizzolatti, et al., 1996；Grafton, et al., 1996）。

镜像神经元主要参与认知过程和社会功能的活动。认知过程方面的表现包括有目的的、视觉引导的手部动作，比如拿筷子吃饭和用锤子钉钉子等，类似的视觉引导动作以及工具的使用都与镜像神经元有关。除此以外，还包括高级的认知过程，包括语言理解与共情等方面。社会功能的活动主要指模仿、动作观察和识别以及动作意图的理解等。

镜像神经元出现功能障碍就被称作"碎镜"。所以，所谓碎镜理论就是指镜像神经元出现了功能性障碍，而导致个体观察能力薄弱、模仿能力不佳、心理理论缺乏以及社会认知受损。

二、碎镜理论对自闭症行为特点的解释

碎镜理论提出自闭症儿童在模仿以及目的、意图推测任务中镜像神经元激活较弱，说明自闭症儿童的模仿能力以及高级的认知活动和社会功能的缺陷，主要是源于镜像神经元出现了功能性障碍。

模仿方面的研究发现，自闭症儿童在模仿一些简单的肢体动作以及一些有象征意义的动作方面有困难。因为自闭症儿童在观察动作过程中，大脑对动作进行低水平视觉处理的脑区会保留完好，而大脑对动作进行高水平认知分析的脑区有相对的缺陷。所以，自闭症儿童在动作模仿方面存在障碍。但是，自闭症儿童的感觉以及运动能力是正常的，只是脑区无法建立信息，或者无法协调自我与他人在社会行为上的表征联系，也就无法处理对他人动作的识别、理解和模仿。

社会化的认知能力方面的研究发现，自闭症儿童在对他人愿望、信念、意图以及情感的理解方面存在缺陷，这可能与碎镜理论有关。说明自闭症儿童的镜像神经元在参与社会化的认知活动时，镜像神经元的激活环节有缺陷，而无法表现与常态儿童同样的社会化的认知能力。

语言缺陷方面的研究发现，自闭症儿童虽然具备一些基本的语言学功能，但是却无法完成日常社

会交流方面的任务,存在社会交流障碍,表现在语音、词汇、语义以及语法方面都有较大的局限性。镜像理论认为,个体对语言的理解和产生是通过大脑运动系统来完成的,语言功能缺陷其实是一种大脑运动信息处理的障碍。因为,言语过程是个体通过口腔、唇、齿、舌头以及喉和其他器官的配合,并且借助大脑对动作指令的表征才能够完成,整个过程触及的脑区与镜像神经元所在的顶下叶和额下回区域有密切联系。但是,自闭症儿童在运用语言的过程中,顶下叶和额下回区域出现异常,说明自闭症儿童的镜像神经元存在功能障碍,而导致自闭症儿童存在语言障碍。

总之,镜像神经元的功能性障碍更好地诠释了,自闭症儿童在模仿、社会认知能力以及语言方面存在的障碍和不足,为进一步研究自闭症儿童的行为特点奠定了基础。

【本章小结】

本章主要探讨了自闭症儿童心理发展的相关理论。包括"中央统合功能"理论、"执行功能"理论、"心理"理论、"碎镜"理论,以及相关理论对自闭症行为特点的解释。

中央统合功能理论认为自闭症儿童存在弱中央统合的问题,自闭症儿童倾向于关注事物的局部而不善于关注事物的整体。

执行功能理论认为自闭症儿童的前额叶皮层受到损伤,而引起了一系列神经心理的缺陷,导致在计划、决策、认知灵活性、工作记忆、抑制等方面存在执行功能障碍。

心理理论认为自闭症儿童缺乏理解自我和他人的愿望、意图以及信念的心理状态,并且不能够依此对行为做出解释和预测的能力。

碎镜理论认为自闭症儿童在模仿、社会认知能力、语言方面存在障碍是因为镜像神经元的功能障碍所致。

案例思考

马克是一名自闭症儿童,现在就读于某特殊教育学校。马克不会讲话,不懂得如何与人交流,经常做一些重复性的动作和行为。教师和家长经过多次交流,也采取了一些措施和方法。但是,依然改变不了马克的行为。

马克喜欢用黑色的蜡笔在纸上反复涂抹,而且是不停地做一些重复性的动作,尽管教师和家长用了各种警告和矫正方法,然而马克每天如此。这样的行为不断重复,周而复始。医生、教师、家长都束手无策,而马克却乐此不疲,非常喜欢将一张白纸涂成黑黑的,让整个纸面看上去都很黑。马克这样的行为一直持续了很久,不论时间、地点,只有在马克休息的时候,这样的行为才会停止。有时,无休止的绘画行为,会产生很多沙沙的声音,让教师、家长都感到烦躁。正在大家都束手无策的时候,有一天马克终于停止了这样的行为,而且不再将纸张涂黑,教师和家长都感到疑惑不解。此时,马克把自己所有涂黑的纸张拼到了一起,从整体来看,拼好的图画就是一条正在喷水的大鲸鱼。

当所有人看到这幅画面的时候，都惊呆了。原来马克是为了画一条巨大的鲸鱼，而每天不停地在纸上涂抹。

思考题

1. 哪一种理论可以解释马克的行为呢？

2. 你如何看待马克的行为呢？

3. 你认为教师应该如何为自闭症儿童的重复性行为提供支持呢？

第三章　自闭症儿童心理发展的特点与评估

▶ 本章微课　　PPT 教学课件

学习要点

1. 自闭症儿童在早期阶段就会表现出与常态儿童有显著差异的行为特点。

2. 教师对自闭症儿童进行评估时,要确定评估目的、确定评估人员、确定评估方式、客观看待评估结果。

3. 自闭症儿童心理发展水平的评估工具包括正式的评估工具和非正式的评估工具。

4. 课程思政:掌握科学的评估方法,树立正确的教育观、儿童观,才可能形成积极的专业素养。

　　自闭症儿童在早期阶段就会表现出与常态儿童之间的差别,甚至在某些心理层面的发展水平,自闭症儿童比常态儿童要具有一定的优势,或者某些心理发展水平明显落后于常态儿童。判断自闭症儿童心理发展水平的方法就是评估。本章节主要探讨自闭症儿童心理发展的特点,以及如何对自闭症儿童进行有效的评估。

第一节　自闭症儿童心理发展的特点

　　目前,家长对于自闭症儿童早期心理发展的表现还不太清楚。所以,这也是导致自闭症儿童无法被准确识别以及实施早期干预的最大障碍。

一、0～2 岁自闭症儿童的异常表现

　　目前,世界大多数的疾病分类系统都将自闭症儿童的起病年龄规定为 2.5～3 岁以前,超过这个年龄界限起病的患儿就要着重考虑其他的病症了。例如:儿童期精神分裂症,起病在 6～12 岁;亚斯伯

格综合征起病比自闭症迟,且男孩子比女孩子要多得多;儿童瓦解性精神障碍起病于2～10岁。具体而言,自闭症婴幼儿早期(2岁前)特征表现如下。

- 出生时:无明显特征。

- 3～10天:无明显特征。

- 4～6周:常哭闹(并非出于需要的原因,如饥饿等)。

- 3～4个月:不会笑,对外界的逗引无反应,不认识家长。

- 6～9个月:(1) 对玩具不感兴趣;

          (2) 别人抱他时,不会伸出手臂;

          (3) 举高高时,身体僵硬或松弛无力;

          (4) 不喜欢把头依偎在成人的身上;

          (5) 不会喃喃自语。

- 10～12个月:(1) 对周围事物缺乏兴趣,满足于独处;

          (2) 长时间哭叫;

          (3) 常有刻板行为(摇晃身体、敲打物件等);

          (4) 不会玩玩具,或只会重复某一固定的动作;

          (5) 与母亲缺乏目光对视,不能分辨他人;

          (6) 对声音刺激缺乏反应;

          (7) 不会模仿动作、声音,不会用手指人或者指物;

          (8) 语言迟缓,发音单调或者发奇怪的音和无意义的声音。

- 21～24个月:(1) 睡不稳,时睡时醒或通宵不眠;

          (2) 不咀嚼食物,只吃流食(粥);

          (3) 喜欢看固定不变的东西,手部动作刻板(旋转、翻动、抓挠等);

          (4) 肌肉松弛无力,经常会跌倒;

          (5) 目光飘忽缺乏与人对视的目光,看人视物仅一扫而过,游离转移;

          (6) 无好奇感,对环境变化时感不安(害怕);

          (7) 出现学舌的表现,且迟缓,词语不清。

二、2～5岁自闭症儿童的异常表现

此阶段的自闭症儿童的症状充分显现出来。那些原来症状轻微或开始在1岁或2岁发育正常的儿童,这时由于症状充分表露,所以被识别为自闭症已经不困难了。现将异常行为表现分述如下。

(一)社会关系障碍

绝大多数自闭症儿童表现的极度孤独和社会退缩行为更加明显了,他们生活在自己的世界里,叫他他不应,同他说话他不听,好像外界的人和一切事物并不存在似的,无法吸引他们的注意,面部没有一点表情;他们不理会家长的喜、怒、哀、乐。

有一名叫钟华的5岁女孩,2岁起病后就不讲话,与外界隔离,妈妈跪在她面前,连声叫"钟华,你叫妈妈",但她一点表情反应也没有。妈妈让钟华看着自己,但是钟华的眼神总是处于飘忽不定的状态,不能长时间盯住一个人或者事物进行注视。

自闭症儿童很少直视对方的脸,回避眼神对视。当拥抱他们时,他们不会伸出手臂或用身子贴近对方。他们要吃食品或其他东西也不主动去拿,而是抓住你的手臂或手腕为他们做这件事。如果大人能理解他们因自闭症造成的困难,温柔并耐心地对他们做出一些简单的吩咐,他们也不会用寻常的方式做出适当反应。

教师告诉钟华:"钟华你好好抱着娃娃,亲亲娃娃的嘴。"而钟华却用舌头舔娃娃的脸。教师把娃娃的嘴凑到钟华的脸庞,钟华却只是和娃娃贴贴脸。有时,钟华还会用手去打娃娃,大力地扭动娃娃的脑袋和手臂。

有时自闭症儿童也会对经常照料自己的人表达一点情感。有一部分自闭症儿童在幼儿园里也想参与同伴的游戏,但不知道怎样参与而只好呆呆地站在一旁或独自一人玩水或者泥巴。不过,大部分自闭症儿童似乎被封闭在自己的世界里,全神贯注地做他们那些毫无目的的活动和重复性的行为。

（二）语言沟通障碍

约有50%的自闭症儿童存在语言障碍,终生缄默不语。另有50%的自闭症儿童会说少数或较多词语。总体来讲,自闭症儿童的语言发育比常态儿童要晚些。

一方面,自闭症儿童喜欢重复别人说过的词语,或者从对他们自己没有什么意义的词语开始模仿,像是鹦鹉学舌那样;还有一些自闭症儿童表现出"延迟性模仿言语",就是指经常重复较长时间之前听到的词语。

有一天,钟华一个人坐在房间里,看着桌子上的苹果说道:"喝水、喝水。"妈妈以为自己听错了,仔细一看原来是钟华在讲话。妈妈连忙跑过去问道:"钟华,你要什么?"此时,钟华却不讲话了。

所以,即使自闭症儿童能够讲一些词语,有时也不具有交流意义,这些词语大多是模仿得来的,并不一定是自闭症儿童自己的主观需要。

另一方面,还有一些自闭症儿童语言能力会继续发展,说一些的确有意义的词语或短语,例如:"糖果""出去玩"等。但是,这一类自闭症儿童说的话往往缺乏抑扬顿挫,语调、语速和语法等也存在问题,并且其言语内容大多不带有情感色彩,例如:对"开灯和关灯"分不清确切的意义;"要饼干",说成"饼干要"。还有的自闭症儿童代名词的错用也比较常见,例如:"我要喝水"说成"他要喝水"。

最后,自闭症儿童在事物的理解方面存在困难,无法陈述发生过的事件,不懂得如何表达与沟通,例如:自闭症儿童从幼儿园回家,从来说不出在幼儿园里发生的一切;甚至不会问这是什么,那是什么。当自闭症儿童有需要时,也不会像常态儿童那样用手势、表情和身体动作与人沟通。

> 妈妈告诉钟华:"当你要上厕所的时候,你要告诉妈妈。"钟华看着妈妈,没有做出反应。此时,妈妈表现了比较难堪的表情,并且用手捂住自己的下体,扭动自己的身体。可是,钟华还是呆呆站在那里,面无表情地看着妈妈。

但是,随着自闭症儿童能力的发展,个别自闭症儿童能够在较长时间内,注视事物并且对细节有较多认识,而且个别自闭症儿童开始对一些简单明白的手势和表情的含义有所理解,但通常在理解视觉语言方面的进步要比理解口语快得多。

(三)兴趣狭窄和刻板重复动作

有一些自闭症儿童对活动本身不感兴趣,反而有较为刻板的兴趣或异常的重复性行为,例如:自闭症儿童对骑三轮车的行为不感兴趣,反而会花很长时间来转动轮子;或者买了塑料拖鞋不穿而喜欢放在嘴里咬;甚至经常看着自己的双手在眼前翻动。

> 妈妈今天带钟华去公园玩。他们来公园时选择的是A路线,回家的时候妈妈选择了B路线。但是,钟华却表现了情绪问题,钟华要求去和回一定要走一样的路。妈妈告诉钟华:"回去我们不能走A路线,因为那里没有回家的公交车。"但是钟华不听妈妈的解释,不停哭闹。

很多父母认为,像钟华这样的表现,只是说明自闭症儿童对道路的记忆特别好,走过一趟就忘不掉。其实,并非自闭症儿童的记忆能力好,而是自闭症儿童不喜欢和不能接受事物及环境发生改变,自闭症儿童通常坚持每次都以同一种方式去做某些事情,并且抵制变化。但是,自闭症儿童表现的对路线的刻板行为,一般只是对经常去的地方。自闭症儿童对第一次去的地方,一般不会表现出对路线的刻板性。如果自闭症儿童喜欢某些物品,甚至可以达到不可分离的程度,自闭症儿童会经常抱着它,不愿分开。

> 钟华喜欢抱着一个娃娃,于是每天都抱着这个娃娃,即使娃娃很脏了,钟华也不扔掉它。有一天,妈妈对钟华说:"娃娃很脏了,妈妈要给娃娃洗洗澡。"可是,钟华就是抱着娃娃,不肯给妈妈。

同时,自闭症儿童还喜欢向父母反复提同样一个问题,也要求父母用同样的话来回答,否则自闭症儿童就会烦躁不安。

三、6～12岁自闭症儿童的异常表现

社会交往行为和社会关系理解这方面的缺陷是自闭症儿童最为明显的特征。学龄前阶段的主要表现：① 不能建立伙伴关系；② 与家里的人缺乏正常交往；③ 宁愿孤独一人；④ 不做眼神对视和应用手势；⑤ 抵御触摸；⑥ 不主动进行言语沟通。到了学龄时期程度减轻，亲人以为是病情好转而欣慰。但多数自闭症儿童的症状仍有持续，以致延伸到青少年和成人时期，不过症状表现可因年龄增大生理趋向成熟而发生改变。

自闭症儿童有不同程度和不同类型，温（Wing，1987）等学者根据自闭症的社会行为将其分为三个类型：① 冷漠型；② 被动型；③ 主动但奇特型。这些类型的自闭症儿童在学龄期阶段较为常见。

（一）冷漠型

这种类型的自闭症儿童不仅不寻找家长，并且回避与人接触。如果别人去与他们接触，也会感到很大的苦恼。这种类型的自闭症儿童即使会讲话也不主动进行交往，而把他们的大部时间花费在固定不变和刻板重复的兴趣上。这种类型的自闭症儿童对别人的问话或呼唤不做反应，也不主动与同伴和成年人进行交往。这种类型的自闭症儿童听力正常，但对别人讲话不做反应；他们有时也有感情表露，但因应用不当难以使人理解。他们常在例行常规遭到阻挠或碰到意想不到的事时发脾气。这些行为特点在学龄前儿童即已常见，有时会延续到此时，以致到青少年和成人期。这种类型的自闭症儿童大多伴有重度精神发育迟滞。

（二）被动型

这种类型的自闭症儿童并不回避社会交往，但缺乏常态儿童那种自然的和直觉感受到的社会交往技能。因此，别人与之交往，自闭症儿童的反应不当。自闭症儿童的沟通能力和游戏行为显得生硬和刻板重复。被动型自闭症儿童与冷漠型自闭症儿童相比较，讲话多些、刻板重复动作少些，他们的发育水平较高并较容易照管。两者相比较，主要与发育水平和智商高低的差别有关。

（三）主动但奇特型

这通常被描述为高功能自闭症，另有一些属于亚斯伯格综合征。这种类型的自闭症儿童积极与人交往，但他们与别人接近的方式和特点则有些怪异，并且是不适宜的。他们虽然有相当的言语技巧和有兴趣与人交往，但他们与小伙伴和其他人建立不起社会关系，建立友谊方面存在相当的困难。这种类型的自闭症儿童的怪异和不适宜行为表现在：① 重复问一些问题；② 不适宜地触摸；③ 谈话集中于他们自己狭窄的兴趣和与众不同的身体姿势、手势和面部表情，似乎对别人的兴趣和感觉置之不顾。

四、12～15岁少年期自闭症的异常表现

此时期,很多自闭症少年的病情相对稳定,其中一部分有明显进步。据肯纳(Kanner)等学者的意见,这与自闭症儿童认识到自己有病而加以控制有关。但约有10％～35％的自闭症少年不明原因地发生严重退化,11～14岁的重度自闭症青少年是癫痫发作的高发期。

(一)社会交往技能

这时的自闭症青少年对社会交往的兴趣和技能均有明显进步。他们中约50％的个案可有进步,但少年和成人在建立和保持人际关系方面从结识至建立友谊仍缺乏技能。有些学者发现自闭症青少年由于不理解社会公共规则的意义,而给生活带来很大的麻烦。

(二)语言和沟通

最早报道自闭症案例的肯纳(Kanner)医生,把语言和沟通障碍作为最为引人注目的症状。肯纳(Kanner)和其他学者对自闭症儿童进行追踪观察,直到少年和成年阶段,发现被观察的自闭症儿童中,有一部分自闭症儿童的语言沟通能力发展得相当好,但仍存在模仿言语、拘泥于文字表面意义、重复、代词和韵律错用等奇怪方式。自闭症儿童几乎从来不用表达性手势,直至少年阶段和成人阶段仍如此。自闭症少年和自闭症成年人讲话生硬、迂腐和不自然,他们还不懂管理规则、不会进行对话和分不清对话中谁当讲话者角色和听者角色。

(三)情绪与行为

自闭症青少年的冲动和破坏性行为被视为危险行为,其中攻击性和自伤性行为常见于退化的少年期自闭症,大约10％～20％的自闭症少年继续退化,其余的自闭症少年经过一年多时间后开始好转和变得平静。另一个问题是随着性成熟,自闭症女孩开始来月经,在父母指导下自理不难。少数自闭症男孩有当众手淫和暴露生殖器,以及触摸别人的生殖器等行为。

(四)抽搐问题

约有20％～40％的自闭症少年和自闭症成年早期,开始抽搐发作。重度自闭症青少年较智力水平正常和边缘状态的自闭症青少年而言,发生癫痫的危险性要高。

总而言之,自闭症儿童在不同年龄阶段,都有其特殊的特征与表现。具体而言,在不同年龄阶段,自闭症儿童的特征与表现在次数、强度、频次等方面都有具体的差异性,甚至还可能随着年龄的增长而出现继发性的障碍或问题,例如:癫痫、抽搐等问题。因此,教师在实际的学习支持过程中,应注意自闭症儿童的年龄特点。

综上所述,自闭症儿童与常态儿童的身心发展有较大差异性。实际的生活和教育过程中,教师和

父母应该有所领悟,并且对有上述表现或倾向的儿童应该给予关注和重视。但是,不能因为具备自闭症儿童基本特征,或者在不同年龄阶段与常态儿童身心发展有差异,就认定为是自闭症,还需要在长期(至少一年)的生活和教育活动中进行观察,主要是了解被观察儿童的问题行为是否持续出现。

第二节　自闭症儿童心理发展水平的评估过程

教师在评估中扮演重要角色,评估结果对于实际的教育活动有直接影响。以下我们就有关自闭症儿童的评估问题逐一阐述。

一、确定评估目的

教育及心理的测验标准(Standards of Educational and Psychological Test,1999)特别声明:"每一个评估工具的角色是选择、诊断还是做决定工作,必须在评估之前确定,而非之后。"有关自闭症儿童为何要进行评估,主要源于以下几个目的:

(1)初步鉴定或筛选;

(2)教学计划与策略之决定与评估;

(3)目前表现水平与教育需求之决定;

(4)资格符合之决定;

(5)IEP(个别化教育计划)之发展;

(6)计划性安置之决定。

简而言之,自闭症儿童的能力和水平,或者是否需要接受特殊教育支持,都需要通过评估结果决定。通过非正式的评估(观察或者作品分析)和正式的评估(发展性测验或者智力测验),都可以了解儿童的心理发展水平。

通过评估可以最大限度地筛查出高危群体,以便于教师对其进行早期干预,进行及早的转介,以避免障碍的持续发生或者衍生出继发性障碍。所以,评估工作对于教师的教学工作以及儿童的筛查与能力评估有重要的作用和意义。

二、确定评估人员

关于谁来提供评估或者参与评估,有不同的说辞。但是,有几类人员是必须参与评估过程的。这些人员是指受过专业教育或专业训练的人员,主要包括普通教育教师、特殊教育教师、治疗师、心理咨询师、父母等,每一位参与者都有独特的贡献。

三、确定评估方式

评估方式大致包括正式的评估和非正式的评估。

（一）正式的评估

正式的评估是利用标准化的工具，按照施测说明、时间、指导语、计分方法的规定实施，并有常模或参照指标可以对照，例如：韦氏智力测验、语言障碍评估表等。

正式的评估工具是一种对个体在一个或多个特质上，用一个量数来显示的简单设计。评估结果，经常与特定的参照群体进行比较。这样的参照群体被称作常模或标准化样本。实施评估之后，会得到一个原始分数，但是这个原始分数本身并没有意义。这个原始分数会换算成各种转换分数，再将原始分数与常模样本对照，这类工作基本上是借助测验手册的换算表来完成。

对于经过转换的分数而言，教师要对分数进行解释。

小虹语言测试的结果是 110 分，但是这个分数只是说明小虹回答题目正确的数量。经过与常模对照之后，发现小虹的表现与常模中 6 岁 3 个月的儿童心理发展水平相同。但是，这不意味着小虹的表现像 6 岁 3 个月的儿童一样。小虹的分数经过转换后是 16%，就是说小虹的分数相同于或高于同年龄的常模样本数的 16%，其中有 84% 的常模样本高于小虹。

对于分数的解释，教师不仅仅是停留在分数本身，而且需要更加深入地分析小虹是如何获取这个分数的，她是通过什么样的方法取得这个结果的等等。同时，参照样本的性质和组成也很重要，因为个人的常模参照分数是通过与标准化的母群体相互对照而产生的，例如：你会将自己的学生与全美国的儿童样本进行随机比较吗？所以，作为教师应该正确看待评估结果，并且善于合理地解释和运用评估结果。

（二）非正式的评估

非正式的评估是指利用观察、访谈、家庭访问、问卷、录影、录音、档案评量、检核表等工具或方式进行的评估。

1. 父母的访谈

父母比任何人都了解自己的孩子。所以，对于父母的访谈，可以让评估者更好地了解到，儿童在家里与在学校有何不一样；可以发现家庭生活对儿童的影响；甚至通过对访谈信息进行分析，了解儿童家庭内部较为敏感的问题或情境。

2. 医疗档案

通过对医疗档案的了解，大致可以清楚儿童的出生情况、身体发育状况，甚至最近几年的病史和就医情况。这些信息的获得,将有助于评估者更为客观地评价儿童的问题行为。

3. 学校相关记录

学校相关记录能够记载儿童在学习期间较为丰富的资料和信息,它们包含了学习成绩、行为记录以及教学策略的实施与介入情况。这些信息的积累,对于评估者而言有重要意义,使评估者避免浪费时间在建议或者教育干预的尝试过程。

由于篇幅有限,在此不再对其他类型的非正式评估进行赘述。每一类非正式评估都有不同的价值和作用,对于评估者的实际评估工作都有较为重要的指导意义。实际的评估过程中,可以凭借实际需要,有选择性地使用各种类型的非正式评估方法。

四、客观看待评估结果

经过了较多人员的参与以及历时近 1 个月的时间,基本完成整个评估过程。对于如何看待评估结果,则众说纷纭。评估结果不可能作为判断自闭症儿童心理发展水平的唯一标准,更加不能够作为学习支持、转介的唯一指标。究竟该如何看待评估结果,需要结合评估目的而定,例如:如果你是为了初步鉴定而实施评估,那么评估结果就应该用来决定进一步评估的需求与类型;如果你是为了了解儿童的心理发展水平,则应该结合其他评估方式综合评价评估结果。所以,对于评估结果还应该做到善用、善待、善管。

对于是否能够正确解读评估结果,也影响自闭症儿童未来接受学习支持的成效。因此,此部分将对于评估中的伦理问题进行深入探讨。评估过程中的伦理问题,主要涉及三个方面。

(一)与被评量者有关

与被评量者有关的因素包括了焦虑、动机、以往的经验、健康和情绪状况、态度等。

1. 焦虑

焦虑因素在评估过程中会严重影响自闭症儿童的实际表现。因为有的自闭症儿童曾经参与过类似的评估,所以对评估过程较为恐惧或者焦虑,而影响了实际的行为表现,导致评估结果缺乏信度和效度,影响自闭症儿童的教育安置以及获取适当的学习支持。

2. 以往的经验

以往的经验主要指儿童经过多次的评估,重复做相同或类似的题目,导致自闭症儿童对于评估内容较为熟悉,影响评估结果的信度和效度,无法真正体现自闭症儿童的心理发展水平。

3. 健康和情绪状况

评估者一定要在评估前了解自闭症儿童的健康和情绪状况,保证自闭症儿童参与评估过程中所表现的行为要具有"代表性"。如果自闭症儿童的健康状况或者情绪状况不好,评估结果就会受到影响,缺乏一定的信度和效度,无法为学习支持提供指导。

（二）与评量者有关

与评量者有关的伦理因素包括实施评估和解释的差异、与儿童互动的模式、偏见、语言或者评估者与儿童之间的文化差异以及计分错误等。

1. 解释方面的差异

当评估者遇到一些比较特殊的案例或者非典型的案例时,评估者对自闭症儿童的评估结果进行诠释的过程可能带有主观性。其实,很多情况下评估结果没有绝对的对和错,只是有相对的正确性。

2. 评估者的主观偏见

评估者在评估过程中,假使对个别自闭症儿童存在主观偏见,对于自闭症儿童模棱两可的答案给予的分数就受主观偏见的影响。这样的评估结果也是缺乏信度和效度的。

3. 评估者与自闭症儿童之间的文化和语言差异

评估过程中,评估者与自闭症儿童之间存在文化差异,或者语言沟通有困难,这些因素都会影响评估结果,并且影响自闭症儿童在评估过程中的实际表现。

4. 计分错误

评估者在评估过程中,对于计算错误、数据转换错误或者算错自闭症儿童的年龄等问题,而影响了评估结果都可以被称作计分错误。计分错误的直接结果也会导致评估结果缺乏信度和效度。

（三）与评估工具有关

评估工具的信度、效度等因素都是影响评估结果的重要因素。评估者在评估过程中,要保证评估结果的稳定可靠,能够反映自闭症儿童的实际水平;保证评估工具能够达到预定的目的以及获得了想要评估的内容。

综上所述,对于自闭症儿童的评估,不仅要考虑评估过程的具体步骤,同时也要考虑如何正确看待评估结果,确保评估结果的信度和效度,以及评估结果对于学习支持活动的引导性。

第三节　自闭症儿童心理发展水平的评估工具

自闭症儿童心理发展水平的评估包括了正式的评估与非正式的评估两类。评估工具也分为正式的评估工具与非正式的评估工具。

一、正式的评估工具

（一）《社会和沟通诊断晤谈表》

《社会和沟通诊断晤谈表》（Diagnostic Interview for Social & Communication Disorders,

DISCD)是欧美研究者常用的诊断测验工具。编制此问卷的人员是 Wing 和 Leekam 等人(2002),主要目的是为筛选自闭症群体。此量表的题目中包括自闭症最常见的症状,同时也包括语言方面的问题。该量表包括学龄儿童和学前儿童两种版本,全部题目共有 319 题,包括发展技能 130 题、不寻常行为 189 题,题目可归纳为四大项。

(1) 婴儿期(出生第一年)。

(2) 最早发现异常发展之年龄。

(3) 发展技能——共评量 15 项发展领域之技能,包括粗大动作、自助技巧、沟通、社会互动、模仿、想象、技巧。

(4) 与发展领域无关的异常行为共分为 11 项,包括动作固执行为、感官刺激、重复作息、情绪、活动模式、不适应行为、睡眠模式、动作张力特性、社会互动的品质。此项共评量 2 次,一次评量某行为是否曾经出现和行为的严重程度;另一次评量目前某行为是否出现。

评分量表主要采取三点计分(严重、轻微、未出现),有些题目可以标示不适用,例如:若儿童无口语能力,则有关口语异常题目要标示不适用。

(二)《自闭症诊断观察表》

《自闭症诊断观察表——普通版》(Autism Diagnostic Observation Schedule — Generic,ADOS-G)也是欧美研究者常用的评估工具。编制此问卷的人员是罗德等人(Lord et al.,2000)。诊断观察表的内容主要是配合 DSM-Ⅳ 和 ICD-10 的诊断标准,用来筛选不同的广泛性发育障碍,量表的评量主要由四个领域构成,包括社会互动、沟通、游戏和想象物品的使用。

此量表是根据最早的 2 个观察表:"自闭症诊断观察表"(ADOS)(Lord et al.,1989)和"语言前期自闭症诊断观察表"(Pre-Linguistic Autism Diagnostic Observation Schedule,PL-ADOS)(DiLavore et al.,1995)所编制而成。ADOS 适用于 5 到 12 岁;PL-ADOS 则适用于 2～5 岁无口语能力的幼儿;新的 ADOS-G 则适用于不同发展程度和沟通能力者,从幼儿到成人,共包括四种不同的沟通方式:

量表一:适用于无法一致使用简单语法之儿童;

量表二:适用于有简单语法,但说话不流畅之儿童;

量表三:适用于说话流畅之儿童;

量表四:适用于说话流畅之青少年或成年人。

此评估量表不适用于完全无口语能力的青少年或成人,施测需要由受过训练的专业人员进行施测,施测后将个案出现的行为登记在记录表上,各领域施测时间约为 35 分钟至 40 分钟。由于此量表无法获得个案过去发展历程和功能方面的信息,因此无法单独使用,必须配合其他评估工具共同使用。

(三)《自闭症儿童心理教育评核》

《自闭症儿童心理教育评核》译自美国北卡罗来纳州大学 Division TEACCH 出版社的 PEP-

3 Psychoeducational Profile(Third Edition)。此评估表由感知觉(55)、粗大动作(72)、精细动作(66)、语言与沟通(79)、认知(55)、社会交往(47)、生活自理(67)以及情绪与行为(52)8个评估领域493个项目组成,每个评估领域都是一个评估的独立体,评估时不受其他评估领域的影响。

1. 感知觉领域评估项目共55项。主要评估自闭症儿童视觉、听觉、触觉、嗅觉和味觉5个范围在注意、反应、辨别和记忆等方面的能力现状、优劣与需求。

2. 粗大动作领域评估项目共72项。分为姿势、移动与操作三部分,主要评估自闭症儿童坐姿、站姿以及爬、坐、站立、行走、跑、跳、推、端、抛、接、踢、击、拍等动作的平衡性、协调性等。

3. 精细动作领域评估项目共66项。主要评估自闭症儿童摆弄物品、基本操作能力、双手配合、手眼协调、握笔写画以及工具使用的能力现状和需求。

4. 语言与沟通领域项目共79项。分为语言与沟通前能力、语言模仿、语言理解和表达四部分,主要评估自闭症儿童非语言沟通能力、分辨声音、口腔器官的运动、模仿单音、模仿叠音词、模仿表示物品的词、模仿动词、模仿方位词、名称指令、指认、动作指令、理解形容词的含义、理解事物关系、表达要求与回答问题、说短语、说句子、主动提问、复述与主动描述等方面的基本能力与需求。

5. 认知领域评估项目共55项。分为经验与表征、因果关系、概念三部分,主要评估自闭症儿童简单推理、分类、配对、排序以及时间概念、空间概念、颜色概念、数前概念和数概念等方面的能力优劣与需求。

6. 社会交往领域评估项目共47项。分为社交前基本能力、社交技巧与社交礼仪三部分,主要评估自闭症儿童社交中非口语能力、认识自己、评价自己、控制自己、与照顾者的互动、与陌生人互动、近距离打招呼、远距离打招呼、自我介绍、近距离的告别、电话告别、表示感谢、表示抱歉与表示称赞等方面的能力现状与需求。

7. 生活自理领域评估项目共67项。分为进食、如厕、穿衣、梳洗、睡眠以及其他日常家居自理能力六部分,主要评估自闭症儿童吸吮、合唇、喝、咀嚼、进食方式、表示如厕需要、如厕技能、脱衣、穿衣、擦、刷、洗、梳头发、睡眠、物品归位、开关、收拾餐具等方面的能力优劣以及训练需求。

8. 情绪与行为领域评估项目共52项。分为依附情绪行为、情绪理解、情绪表达与调节、关系与情感、对物品的兴趣、感觉偏好以及特殊行为七部分,一方面要评估自闭症儿童及其他广泛性发育障碍儿童回应行为反应、情绪理解、依恋情绪行为、表达情绪、调节情绪、物品运用、接纳亲近、引发社交沟通、社交反应、适应转变、运用物品及身体等方面所表现出来的行为模式的异常与否;另一方面还要评估他们的视觉、听觉、触觉、味觉和嗅觉等感官是否具有典型的特殊偏好和局限,是否具有自闭症儿童的一些特殊行为等,以便真实了解他们在情绪和行为方面的特殊需求。

除此以外,正式的评估工具还包括其他心理评估或者诊断工具(表3-1)。

表 3-1 评估工具一览表

认知能力测验	
1	视障学生图形认知发展 tesc
2	儿童认知发展测验
3	小学生书写语言测验
4	认知神经心理能力检核表
5	儿童认知功能综合测验
学科能力及成就测验	
1	中小学生语文成就
2	阅读理解困难筛选测验
3	工作记忆测验
4	汉字视知觉测验
5	听觉记忆测验
6	基础数学概念评量
7	小学数学诊断测验
8	小学中低年级数学诊断测验
9	小学低年级数学科筛选 tesc
10	听觉障碍学生语文能力 tesc
11	语文能力 tesc
12	学前儿童语言障碍评量
13	听障学生数学能力 tesc
14	听觉障碍学生"高级瑞文氏图形补充测验"
15	听觉障碍学生"瑞文氏非文字推理测验"
16	彩色图形推理测验
17	中文年级认字量表
语言能力测验	
1	儿童口语理解测验
2	儿童口语表达能力 tesc
3	语言障碍评量表

语言能力测验	
4	中文阅读理解测验
5	学龄儿童语言障碍评量表
发展量表系列	
1	学前发展性课程评量
2	绘人测验
3	拜瑞视动统整测验
4	简明知觉——动作测验简称(QNST)
5	普通话正音检定表
6	0～6岁儿童发展筛检量表
7	婴幼儿发展测验、班达式测验、画树测验
8	多向度注意力测验
人格与适应测验	
1	情绪障碍量表(SAED)
2	行为与情绪评量表(BERS)
3	中小学学习行为特征检核表
4	小学生生活适应量表
5	青少年社会行为评量表(ASBS)
6	适应行为量表
其 他	
1	自闭症儿童发展测验

正式的评估工具要包括评估材料、实施步骤、计分方法以及评估结果的解释四个方面。评估人员在规范条件下,实施评估、计分和解释评估结果,大大提高了评估结果的信度和效度。

二、非正式的评估工具

非正式的评估工具主要介绍实作评估、生态评估、课程本位评估的实施步骤。

(一)实作评估

凡是强调实际表现行为的评估方式都可以称作实作评估。实作评估非常多元化,包括书面报告、作为、演说、操作、作品展示等。

实作评估的步骤：决定评估的目的；确认评估标准；提供适当的表现情境；设计评估方式；进行评估与教学。

实作评估的不足：在实施上及评估计分上所花费的时间比较多；花费通常比一般的纸笔测验多，有时候需要购置仪器设备；观察重点的掌握和评分标准的制定有困难，尤其对非结果性的作业项目；评估结果的信度和效度最受争议。

（二）生态评估

通过观察与收集资料的方式，直接针对自闭症儿童在其所属的各项环境（家庭、学校、社区等）中所表现出来的各种能力进行评估分析，以促进教学目标与课程内容的设计。

生态评估的步骤：确认自闭症儿童所处的各项环境；针对每项特定环境建立任务评估表；针对某一特定的环境进行可能的活动分析；进行所需技能的工作分析；进行差异分析；设计教学内容；教学。

生态评估的不足：耗时费力；其生态环境较难成为教学情境；个别化教学不能完全掌握；替代性辅助工具或者辅具的设计问题。

（三）课程本位评估

基于自闭症儿童目前所学课程的表现，来决定自闭症儿童的教学需要。主要特点是教学与评估并重，着眼于将评估所得资料直接用于教学，为教师提供快速而有效的信息。

课程本位评估的实施步骤：分析课程；决定目前的表现水平；选择特定的目标行为和成就标准；决定评估标准；设计评估程序；收集和展示资料；教育性决定。

课程本位评估的不足：信度和效度不够理性；测验品质不一。

综上所述，正式的评估工具与非正式的评估工具，都可以作为自闭症儿童的评估工具。正式的评估工具，有较为完整的评估流程与评估标准；非正式的评估则较为灵活，可以根据实际情况进行灵活处理，较为重视实际学习和生活的真实表现。因此，评估者在实际的评估过程中，要将正式的评估工具与非正式的评估工具结合使用，合理和客观地评价评估结果。

【本章小结】

本章主要探讨了自闭症儿童心理发展水平与评估。自闭症儿童的心理发展水平，与同年龄儿童相比有较大差异性，并且在童年早期就会有所表现。有关自闭症儿童的心理发展水平的评估，要注重评估过程的相关问题，包括为什么评估、谁来评估、用什么评估、如何看待评估结果。同时，要把握评估过程中的伦理原则，以保证评估结果的信度和效度，保证评估结果的参考价值与引导性。评估过程中，可以采取正式评估与非正式评估两种方式，采取多样化的评估工具，较为客观地看待评估结果。

案例思考

马瑞卡今年3岁,是一名自闭症儿童。马瑞卡在美国华盛顿州的一所特殊教育学校接受评估时,教师要求马瑞卡坐在角落处,教师用言语对马瑞卡施加指令,并且对马瑞卡的行为进行记录。评估结果显示,语言能力发展水平是8个月、动作发展水平是1岁10个月、社交能力发展水平是10个月、认知能力的发展水平是11个月。

接下来,马瑞卡的母亲带他来到田纳西州接受一家机构的评估。教师见到马瑞卡,并没有强制要求马瑞卡坐在椅子上,而是把马瑞卡带到一间观察室,让马瑞卡随意活动。马瑞卡有点不知所措,不知道要做什么。此时,教师把一罐糖果倒在地上,让马瑞卡随便地玩弄。教师只是在旁边做一些观察和记录。评估结果显示,马瑞卡的语言能力发展水平是12个月、动作发展水平是1岁3个月、社交能力发展水平是1岁4个月、认知能力的发展水平是5个月。对于两次评估中,不同项目的差异,马瑞卡的母亲感到疑惑,并且不知道该如何做出判断。

思考题

1. 为什么两次的评估方式截然不同呢?

2. 哪一次评估结果的信度更高呢?

3. 你认为评估对自闭症儿童和教师而言,真正的意义是什么呢?

4. 如果你是教师,你会选择哪种评估方式呢?请说明理由。

第四章　自闭症儿童的教育方法

▶ 本章微课　　PPT 教学课件

学习要点

1. 针对自闭症儿童的传统教育方法与自然教育方法之间存在较大分歧。

2. 对于自闭症儿童的教育,还需要结合自闭症儿童的需要,以自闭症儿童为核心,尊重自闭症儿童的能力表现。

3. 传统教育方法与自然教育方法对自闭症儿童的心理发展都能够产生作用,但是,自然教育方法的干预效果相对而言更加具有持续性。

4. 课程思政:传统教育方法与自然教育方法的选择都应该尊重"以儿童为中心"的原则,符合自闭症儿童的身心发展需要。

目前,我国自闭症儿童有 167 万人,但是还未有官方的报道关于自闭症儿童康复的案例。说明还未有有效的教育方法能够对自闭症儿童的身心发展产生较为有效的影响。至今,国际方面有关自闭症儿童的教育方法还是在不断地摸索与探索。20 世纪 60、70 年代的自闭症儿童的干预方法,主要源于行为主义,强调用行为训练的方式,有系统地逐步训练自闭症儿童的各项技能。教学方法注重一对一个别教学,主要运用强化物和惩罚原则,不断地要求儿童反复练习,训练自闭症儿童从注意看、坐在椅子上到模仿等,逐步学会技能。所以,许多学者将自闭症儿童的语言障碍问题与听力障碍儿童等其他特殊需要儿童的语言障碍问题都视为同一种障碍类型,并且认为自闭症儿童语言的学习可以从社会情境中独立出来,反复练习直到熟练为止,学习内容主要是由成人教导为主,注重自闭症儿童对成人的模仿,对成人口令的遵从以及区别不同的名词、名称的能力。对于无口语能力的自闭症儿童而言,个体所表现的非语言行为,例如:用手抓、抢夺等行为,多被视为干扰行为,需要进行干预(Koegel,1995;Prizant,Wetherby,& Rydell,2000)。但是,时至今日有关自闭症儿童的康复效果并不乐观。这样的事实也激励着人们不断寻求新的教学方法。

第一节　传统教育方法与自然教育方法

教育方法的有效性直接关系到教学效果的成败。因此,对于教育方法的阐述主要是引导教师和父母对自闭症儿童的教育方法有较为客观的认识,能够根据实际的教学需要以及自闭症儿童的能力,选择适宜的教育方法,以此更好地推动教学的发展。

一、自闭症儿童传统教育方法的概述

目前,有关自闭症儿童的教育方法主要以行为主义的 ABA 行为分析疗法和神经心理学的结构化教学为主。其次,还包括了 RDI、地板时光等。以下将对不同的教学方法分而述之。

（一）ABA 行为分析疗法

应用行为分析(Applied Behavior Analysis,ABA)是行为训练的方法之一,也是目前在国内比较流行的方法。这一方法是 20 世纪 60 年代由美国加州大学洛杉矶分校的心理学教授洛瓦斯(Lovaas)系统研究并引入到自闭症及其他发育性障碍的治疗教育中的,曾产生过一定的影响。

ABA 是以分解目标、强化和辅助为原则,以回合式操作教育方法(Discrete Trials Teaching,DTT,又称分解式操作法、离散教育方法)作为具体操作方法(包括指令、个体反应、结果与停顿),以一对一的训练作为干预的主要形式。分解目标、强化和辅助是 ABA 的基本训练原则,回合式操作教育方法、塑造法和连环法则体现了 ABA 的具体训练方法。训练方法的实施是以遵循训练原则为基准的;而训练原则正是在方法的实施过程中得以具体体现。

（二）地板时光

地板时光(Floortime)疗法,因儿童的活动通常在地板上进行而得名。在地板时光训练中,教师或父母根据儿童的活动和兴趣决定训练的内容,以儿童为主导,教师或父母配合儿童的活动,强调和儿童建立情感联系,提倡与儿童进行良好的互动,通过手势、语言和假想性游戏帮助儿童,促进儿童的情绪稳定、情感逐渐健全和社会交往能力的发展。

1995 年美国临床心理学家葛斯汀(Gutstein)博士提出了"人际关系发展干预"(Relationship Development Intervention,RDI)。该方法着眼于自闭症儿童人际交往和适应能力的发展,强调父母的"引导式参与",在评估儿童当前发展水平的基础上,采用系统的方法循序渐进地触发自闭症儿童产生运用社会性技能的动机(王梅、张俊之,2007)。葛斯汀(Gutstein)将 RDI 课程分为相互衔接的 6 个级别,依次为:"新手""学徒""挑战者""旅行者""探险家"和"伙伴"。每一级涵盖层层递进的 4 个阶段,共有 24 个阶段。

（三）结构化教学

结构化教学就是将自闭症儿童不同于常人的理解能力、想法和学习方式融入教育训练中,针对自闭症儿童不同的神经功能设计介入。结构化教学是一个组织班级的系统,是一个教学的过程,以自闭症儿童的认知、需求、兴趣为考量,调整环境增进其独立能力与行为管理(杨宗仁、李惠兰,2010)。结构化教学包含四项要素,分别为物理环境结构化(Physical Structure)、时间表(Schedules)、工作系统(Work System)以及视觉线索(Visual Information)(Mesibov, & Howley, 2003)。

每一种教育方法都有其深厚的理论基础。通过对相关理论和方法进行总结,更好地呈现不同理论及其方法的优点和不足,以利于教师更加有选择性地使用适宜的理论和方法,以助教学获得更好的成效以及更进一步探讨不同理论和方法之精髓(表 4-1)。

表 4-1　不同理论与方法之比较分析

理　　论	方　　　法	特　　　点
行为主义	ABA 行为分析疗法	1. 关注行为结果 2. 重视行为之后的刺激 3. 强调行为的塑造以及可行性
人本主义	1. 人际关系发展干预 2. 地板时光	1. 关注人的内在需求 2. 尊重人、关心人的权利和尊严 3. 学生是学习活动的核心
神经心理学	结构化教学	1. 重视视觉感官通道的参与 2. 强调辅助教学的作用 3. 利用物理元素进行学习刺激(图案、颜色、形状),以期获得最佳学习效果

虽然行为主义的干预效果较为明显,但是效果不具有持续性,而且干预方法值得商榷。当自闭症儿童不主动参与学习活动时,教师或训练者往往反复地、强迫性地要求自闭症儿童配合,甚至会使用威逼利诱(田静伟、王梅,2010)。有时,教师或训练者甚至还会使用糖果、点心等强化物,以此来塑造自闭症儿童的行为。

以人本主义为理论基础的人际关系发展干预与地板时光都是一种以情感发展为取向的教学方法。虽然能够以自闭症儿童为核心并报以足够的尊重和理解。但是,在实施过程中,不仅需要多个领域的合作及参与,还需要父母具有相应的评估能力、专业知识,而具体的教学过程中,还存在耗时过长、见效不明显的弊端。

使用图片交换策略时,要着重关注图片内容的呈现方式、图片大小、图片颜色等。同时,对于障碍程度较重的自闭症儿童则需要较多的结构化教学设计,增加了教师的负担(陈淑贞,2001);结构化教学不能从根本上解决儿童的问题行为,大多数自闭症儿童没有达到自理能力或无法参与融合教育(李翠鸾、瞿静、杨楹,2007;李翠鸾,2007);使用过程中容易出现新的刻板行为,需要注意不能完全使用程序化的沟通方式(王亚东,2008)。因此,结构化教育方法在具体的实施过程中还需要谨慎使用。

二、自闭症儿童自然教育方法探讨

既然传统的教学方法存在诸多不足,就需要有一种新的教学方法来替代传统教学方法,以满足自闭症儿童的实际教学需要。随着研究的不断深入,自然教育方法逐渐成为人们关注的焦点。

(一)自然教育方法的理论基础

1. 赋予个体人性化的教育关怀

人一出生原本就处在关系之中,并且长期受到照顾与呵护,人才能成长。如此而言,"关怀是人最基本的需要"。每一个人的生命中的各个阶段都需要来自他人的关心与理解、尊重和认同(刘瑶青,2010)。但是,自闭症儿童早期干预的研究与实践较少甚至没有对自闭症儿童生命的内在性问题进行深层关注,反而用知识、技能、能力这些看起来很"实在"的东西遮蔽了自闭症儿童的心理空间,教育者没有真正倾听和了解自闭症儿童的内心世界。所以,在教育理念上要尊重自闭症儿童的主体地位和能动作用;在教育内容上突出"关心"的主题和人文关怀;在教育原则上应贴近自闭症儿童的现实生活和个性发展;在教育方法上应发挥教育者的榜样示范作用。

2. 给予个体平等性的教育关怀

现代社会中,相对于其他物质和精神利益分配而言,教育利益分配对于每一个人更具有不可替代的意义;如果一个人不能获得有效的、公平的教育利益分配,不能获得一定的教育权利、教育机会、发展水平和资格认定,他就可能丧失一切现有的和未来的发展机会(刘复兴,2006)。

所以,教师要宽容和尊重人的个体差异性,强调客观、平等地对待每一位学习者,能够给予每一个个体平等的学习资源。毋庸置疑,教师要正视自闭症儿童与常态儿童之间存在的差异性,并且深信所有的自闭症儿童都是有能力、有价值、有责任的,通过彼此合作产生协调活动,启发自闭症儿童潜在能力,能够让他们在愉快的环境下有效地学习,达到最大限度的且非功利性的教育关怀。

3. 以关怀建构学习关系

传统的教学方式都是以教师的灌输为主,而学生处于被动的学习地位,教师与学生之间建立了被动或对立的学习关系。所以,教师与学生之间必须建立一种新的生命关系。作为教师,必须以学生的需要为出发点,而不是一味地根据教师的主观目的而进行强制灌输。正是因为学生有不同的需要,才要求教师去关怀学生,花精力去辨别、倾听、体察、引导,适时地提供关怀和帮助。通过一连串的关怀而建构良好的学习关系,进一步引导自闭症儿童控制个人情绪,感受到被关怀的同时能够表达正向积极的行为。

所以,从历史发展的进程而言,今天的人更需要得到别人的认可与关心。顾名思义,自闭症儿童也同样需要得到教育者、父母、同伴的支持与理解。因此,传统的教学方法由于缺乏人性关怀而日益受到挑战与质疑。此时,自然教育方法更加受到教育界的关注和重视。

(二)自闭症儿童自然教育方法的类型

从20世纪70年代后期至80年代,学术界开始从发展的观点看待自闭症儿童的语言干预问题,指出自然语言模式的观点,认为语言干预的重点是自然情境的社会互动,沟通的本质应该是双方互惠式的互动,儿童为互动的一方,并且成为主动沟通者,不是被动的接受者。因此,教学内容应该由教学者和自闭症儿童互相建构而成,或者由自闭症儿童主导。此阶段的自闭症儿童语言干预特色为强调语言学习需要在有意义的情境中学习,学习的内容应该融入日常作息和所发生的事件中,让自闭症儿童在一个较为弹性的结构中学习。教学的目的不在于训练自闭症儿童的说话能力,而是发展自闭症儿童主动和自发性的社会沟通能力,能借助社会允许的方式,来进行语言干预,满足其语言发展的需要。语言干预的目的是实现沟通,而沟通又不止是说话,包括多元渠道,例如:口语、声音、行为、动作等。此阶段所发展出来的教育方法,包括关键反应训练(Pivotal Response Training)、随机教学法(Incidental Teaching)、环境教学法(Milieu Teaching)等(Koegel,1995;Prizant,Wetherby,& Rydell,2000)。

从1990年至今,自闭症语言干预的方法呈现多元化趋势,各家学派林立。基本上,各家学派都有其特色和限制。研究者主要对最近5年内有关自然教育方法进行改良以及深化后的新的观点和新内容进行介绍与说明。

1. 随机教学法

在日常生活中,当儿童表现出对某物或某活动有兴趣时,教学者借由此情境来增加儿童的技能,成为随机教学法。随机教学法最早是由哈特(Hart)和瑞斯里(Risley)所提倡,指在非结构的情境中,自然发生的成人和儿童互动,例如:成人借助游戏,有系统地传达新讯息给儿童,或让儿童借助练习机会来发展其沟通技能(Hart,& Risley,1975)。随机教学法虽然由儿童主导,但教学者仍能安排环境,吸引儿童的注意和兴趣,或对儿童感兴趣的主题,给予机会教育,并增强儿童的表现。

由于自闭症儿童在日常活动中经常很被动,多数缺乏主动沟通互动的能力。因此,医学学者提出"修改式随机教学法",将教学程序改为由家长或教师下指令或发问,创造成人和儿童的沟通机会,而并非由自闭症儿童主动要求时才进行教学(Charlop-Christy,& Carpenter,2000)。

2. 关键反应训练

关键反应训练(Pivotal Response Training)是由柯杰等人针对自闭症儿童类化能力不佳的问题,所发展出来的教育方法。这些学者认为,自闭症的障碍包括主要和次要因素,若一些主要的核心行为改变,会使后续的次要行为也跟着改变,这些不同领域的核心行为称为"关键行为"。关键反应训练就是针对这些关键行为加强训练,使语言、社会技能、自我控制等相关领域也能跟着进步。关键反应训练主要达成三个目标:首先,训练儿童能对自然环境中的学习机会和社会互动有反应;其次,减少教学者持续监督儿童的需要;最后,减少需要将儿童移离自然环境的服务。

关键反应训练的最终目标,是要增进自闭症儿童社会和教育方面的熟练度,使其能够在融合情境中过着丰富和有意义的生活。虽然进行关键行为教学时,也会使用分立练习的方式,但关键反应训练和分立练习训练在教学目标、情境和方法上有很多不同。

3. 环境教学法

环境教学法(Milieu Teaching)经常和上述的随机教学法名词相混用,二者都属于自然语言模式教育方法,着重在社会情境中,教导儿童功能性语言。环境教学法最早由哈特(Hart)和罗杰斯(Rogers)所提倡,主要目的在训练儿童运用语言时,能具有功能性和语言的形式。此教育方法主要基于八大假设:第一,在儿童的自然环境中实施训练;第二,对儿童有重要影响的人实施训练,例如父母和教师;第三,训练的内容和儿童的兴趣有关;第四,训练功能性语言;第五,同时训练语言的形式、功能和学习语言的策略;第六,每段训练内容和形式要简短和正向;第七,安排有效的训练环境;第八,训练语言类化的能力(Alpert, & Kaiser, 1992)。

后来,凯瑟尔(Kessel)等人修改了环境教学法,提出"加强式环境教学法",此种教育方法共包含三要素:环境安排、回应互动策略和环境教学法。环境安排的主要目的是提供物理环境,促进儿童学习语言,方法为训练父母或主要照顾者去和儿童沟通,诱发儿童的沟通反应,并示范适当的语言形式和功能。回应互动策略的主要目的是要提供会话本位的语言学习,促进父母和儿童间的沟通平衡,不只是单方沟通。此策略主要教导父母基本的互动技巧,以及语言示范策略(例如:能配合儿童的语言程度、模仿儿童、扩充儿童发音、进行口说描述等)。环境教学法的目的则是在功能性情境中,父母能提供提示促进儿童反应。

4. SRP 项目

1943 年,肯纳(Kanner)首次提出"自闭症"这个称谓。时至今日,全世界已经产生了一致认同的定义以及标准化的诊断方法。但是,至今为止,自闭症产生的病因并不明确,提出的各种治疗方法也各不相同。美国自闭症治疗中心从 1983 年开始使用"儿子,站起来!"项目(Son-Rise Program,简称SRP)。SRP 是由一些想要帮助自己孩子的父母完成的,他们的孩子拥有严重的自闭症倾向。在没有科学方法来指导和促进自闭症儿童发展的年代,考夫曼(Kauffman)夫妇用了 3 年的时间,将 SRP 推广到国际社会家庭。目前,SRP 的效果并没有被严格地纵向测试过,但是我们可以从当前的文献研究中寻求依据,肯定这个项目的效果。

"SRP"项目以儿童中心,这意味着游戏的主题就是来源于儿童个体的兴趣并且由儿童来选择何时开始和结束这个游戏活动。因为社交导向的促进者和父母都意识到社交回避是自闭症的关键问题。所以,必须以儿童为中心,努力将儿童兴趣作为学习的起点。"SRP"项目主要包括三个方面。

(1) 以儿童为中心。首先,听从儿童的意愿,从儿童的兴趣开始;其次,对于孩子的行为做到回应并且密切关注。在 SRP 项目中,每一次自闭症儿童表现出良好的社会性行为时,成年人都会予以回应,并且等待儿童做出一个社会性信号来进行回应。以后,每一次这种情况发生时,自闭症儿童就会学习如何控制环境或行为。因此,SRP 项目建议自闭症儿童学习能够控制多变的社会环境,因为只有当他可以做出选择的时候,他才可以真正做出有效的反应。

(2) 积极的态度促进更深层次的社会行为。首先,教师积极的接受态度激发了自闭症儿童的反应能力;其次,教师与父母对自闭症儿童的赞美与鼓励,激发了自闭症儿童的主动性行为。在实际生活中自闭症儿童会比常态儿童较少参与集体游戏活动而受到较少的关注;相对于常态儿童而言,自闭症儿童较少表现积极的社会性行为,而未能过多地得到父母微笑的回应。这就可能造成自闭症儿童与父母之间缺乏持续性的眼神交流或社会性行为表现。

(3)利用重复性的行为来促进社会互动。"SRP"项目认为这些重复的行为不是随意的、混乱的、毫无意义的行为,对自闭症儿童而言是有帮助的。重复性行为是所有儿童身心发育过程中自然性的一部分。皮亚杰(Piaget)提到,常态婴儿的发育过程中会出现大量有节奏的以及刻板的行为,每一个刻板行为都带有典型的年龄特点,随着年龄的增长而逐渐减少。但是,自闭症儿童会频繁地、长时间地表现一些重复性的行为,而不会随着年龄的增长而逐渐减少。所以,"SRP"项目认为应该利用这些重复性的行为进行早期的干预。

总而言之,自然教育方法的类型主要包括了随机教学法、关键反应训练、环境教学法、SRP项目。每一种方法都有其独特之处,并且在历史的长河中不断地修正自己而产生新的教学方法。而且,每一种自然教育方法也都在极力摆脱行为主义的束缚,凸显人本主义的精髓,彰显认知主义的理智。

三、自然教育方法与传统教育方法的比较分析

虽然都同属于教育方法的一种,但是自然教育方法与传统教育方法也有共同与不同之处。对此,研究者期望在自然教育方法的基础上,对自然教育方法与传统教育方法在教学形式、教学目标、激励手段等方面进行比较和分析(见表4-2),以求最大限度彰显自然教育方法的优点与不足。

表4-2　教育方法的比较

项　目	自 然 教 育 方 法	传 统 教 育 方 法
教学目标	自闭症儿童主动参与介入游戏的能力; 自闭症儿童主动寻求讯息或寻求协助的能力	主要围绕训练计划制定的目标分阶段教学,包括语言、情绪与行为、社会性、生活自理、大肌肉、小肌肉等
教学形式	安排环境增加自闭症儿童主动和成人互动的机会; 成人通过游戏的方式与自闭症儿童进行互动,建立社会性行为	教师运用具体的形式活动以及教学实物,根据自闭症儿童的技能水平选择干预目标
激励手段	通过创建环境,激发自闭症儿童参与活动的主动性	生理性强化物和社会性强化

自然教育方法与传统教育方法相比,有共同之处,也有不同之处。研究者对其进行了分类整理。

(一)共同之处

1.教学的目的相同

无论自然教育方法还是传统教育方法,都试图通过教学过程,而影响自闭症儿童的心理发展,从

而改善自闭症儿童的发育障碍问题。例如：在实际的教学过程中,自然教育方法和传统教育方法的教学内容中,都有涉及语言、行为、社会性等基本问题。

2. 都是用了激励手段

无论自然教育方法还是传统教育方法,都是用了激励手段,或者称为强化物。自然教育方法的强化物就是环境本身;而传统教育方法的强化物则倾向于从生理强化过渡到社会性强化。

3. 参与者有共同之处

无论自然教育方法还是传统教育方法,都强调不仅有教师的实际参与,还注重同伴之间的协作交流,同时也注重父母的实际配合。

(二)不同之处

1. 教学过程有所区别

从教育方法的实施过程而言,自然教育方法都尝试利用环境或者通过情感交流对自闭症儿童施以教育刺激,等待自闭症儿童做出反应,并给予适当的引导。例如:SRP 项目的教学过程是由教师主动模仿自闭症儿童的行为,试图激发自闭症儿童的注意和学习的动机,当自闭症儿童开始关注教师时,教师才施以适当的引导。

传统教育方法则是通过语言刺激为主,教师对自闭症儿童施以语言指令,并等待自闭症儿童做出反应。如果此时自闭症儿童表现预期行为,自闭症儿童则可以获取强化物。长此以往,自闭症儿童会将语言刺激与强化物之间建立联结。

2. 教学内容有所区别

自然教育方法的教学内容是以客观环境或者教学资料为主题。例如:"我的一天""感觉统合教育"。这样的主题内容,包含了人多个心理活动,自闭症儿童在参与实际的学习活动中,也会调动自己多个心理层面的能力,包括语言、行为、动作、社会性。

传统教育方法则是割裂地看待人的心理活动,例如:"语言训练课""行为治疗课""精细动作课"等不同课程。传统教育方法试图通过对不同的心理层面进行单独的训练,从而在整合所有的心理活动。

3. 理念有所区别

自然教育方法主要从情感入手,教师期望调动自闭症儿童的情感共鸣,引导自闭症儿童从情感层面接受教师并参与教学活动。

传统教育方法试图通过联结的方式,利用强化物与客观刺激进行联结,从而塑造自闭症儿童的行为,并收到预期效果。

总之,自然教育方法对于自闭症儿童而言是一种重要的教育方法。自然教育方法,正在竭尽全力地摆脱行为主义塑造的影子,并极力强调三个自然,即自闭症儿童的自然表现、教师的自然引导、教育环境的自然化。其根本目的在于将学习还给学生,由自闭症儿童来决定学习的方式、学习的内容、学习的进度。以此,教学过程会更加凸显自闭症儿童参与学习活动的动机与自我决定性。

由于传统教育方法过度强调塑造的意义以及将教学过程过度地割裂与分层,导致自闭症儿童在实际的教学过程中,无法真正领会学习的意义,更加无法领会抽象的概念。此时,自闭症儿童所建立的行为不具有可持续性和应变性。因此,自闭症儿童在教育环境与社会环境中会表现出两种截然不同的反应。

自闭症儿童需要体验同正常孩子一样的从出生起就有的快乐和乐趣,而这些乐趣正是来自教师和父母的爱,持续性的爱激励自闭症儿童参与到与其他人的交往活动中。如果自闭症儿童没有获得来自教师与父母的爱,而导致缺乏快乐的童年,就有可能直接影响自闭症儿童的身心发展。因此,应该为自闭症儿童创建一个充满"爱"的学习环境和生活环境,在自然化和生活化的环境中生活和学习,以凸显自闭症儿童的人格尊严。

第二节　自闭症儿童教育方法案例探讨

儿童学习语言的基础是通过模仿成人的发音。但是,仅仅通过模仿学习,儿童并不能真正掌握语言,必须结合后天的练习才能真正掌握语言(Городилова,И Рау,1952)。语言障碍往往发生在学前阶段,可能是生理因素或环境因素所致,随着年龄的增长并不会自行消失,而成为永久性的缺陷,同时伴随更复杂的言语障碍。认为儿童随着年龄的增长语言障碍的问题会逐渐转好的想法是错误的,作为教师或父母要注意引导学前儿童或患有语言障碍的儿童尽快掌握正确的发音方法,形成牢固的发音机制。

自闭症是一种发生于3岁以前的较严重的发育性障碍,其核心特征表现为语言交流障碍、社会交往障碍、行为异常三个方面(朴永馨,2006)。其中,语言交流问题是其核心问题之一,影响并困扰自闭症儿童参与学习活动和游戏活动。本节以前期相关研究为切入点,深刻探讨3例自闭症儿童语言障碍的干预效果。以此,期望能够为更多相关案例教学提供借鉴。

一、前期相关研究

研究者搜集医学、心理学、教育干预领域内的前期相关研究资料,对自闭症儿童感知觉的特点以及能力进行客观的探讨。前期研究结果表明,自闭症儿童在感知客观信息方面的能力存在障碍,从而影响自闭症儿童在语言方面的表达和应用能力。

（一）医学研究

有关自闭症儿童的感知觉测试实验表明,自闭症儿童处理表情时激活的神经网络虽与对照组相似,但是梭状回被激活的程度明显低于对照组,说明自闭症儿童视认表情时依靠不同的神经机制,存在着一个不同于常态人群的神经通路(静进,2010)。采用ERP和偶极源定位技术探讨自闭症儿童面部神经加工特点的研究中发现,自闭症儿童的面部加工机制异于常态儿童,主要表现在对额叶和枕叶的激活状态方面存在异常(Boeschoten, Kenemans, & Engeland, et al., 2007)。

有学者认为,自闭症儿童的感知觉缺陷主要是因为弱中央统合处理能力的缺失导致的,同时阻碍了自闭症儿童在共同关注以及共同影响这两个方面的发展(Klin, Volkmar, & Sparrow, 1992; Rogers, & Pennington, 1991)。这两个方面是社会交流的基本因素,这两个方面因素的缺失,就会导致自闭症儿童在社交场合中很难诠释社会生活的现象并且进行适当的交流(Klin, Jones, Schultz, & Volkmar, 2000)。

（二）心理学研究

常态儿童获取外界信息都是以感官为基础,能够有效将触觉、视觉、嗅觉、味觉、听觉、前庭、本体等方面的信息进行整合、处理,并做出适当的行为反应。自闭症儿童与常态儿童的区别是很难协调个体的触觉、视觉、听觉信息,对外界信息的整合存在障碍,最普遍的现象是感觉过度迟钝或过度敏感、反应延迟、很难聚焦某个焦点或随着焦点移动,影响自闭症儿童对感知到的信息进行加工和处理。

马厄喀瓦(Maekawa)等人对自闭症儿童进行的视觉注意能力的研究中发现,自闭症儿童的视觉注意能力在自上而下的信息加工过程中出现异常,而在自下而上的信息加工过程中却表现正常。卢瑟福(Rutherford)等人在对自闭症儿童进行注意分配能力的研究时,发现自闭症儿童经常将注意集中在中央视区又分配到中央视区以外,而常态儿童却只能将注意分配在中央视区(Ruthefford, Richards. E, & Moldes, et al., 2000)。心理学的相关研究说明自闭症儿童的注意分配能力好于常态儿童,能够关注多个方面,但是却很难集中于某个焦点。除此以外,格林特(Grinter)研究发现自闭症儿童的早期视觉信息知觉功能是正常的,但是将局部信息整合成整体信息的知觉功能有缺陷,表现为先加工局部或细节,很少在整体水平上进行加工处理,视觉信息知觉过程异于常态儿童(马玉、王立新、魏柳青、冯晴、张学民,2011)。莫顿(Mottron)等人在所做的复合图形的实验中发现,自闭症儿童在寻找与孤立刺激相关的镶嵌图形时比常态儿童的能力好,信息的物理特性会影响自闭症儿童对视觉信息的获取效果(项玉、王立新、陈宝国、邹瑾,2008)。对此,国外学者根据自闭症儿童视觉偏好的特点,称其为中央弱统合。中央统合不足理论认为自闭症儿童具有聚焦于局部细节的认知风格,强调其局部加工优势是整体加工缺陷导致的结果。因此,自闭症儿童缺乏对物体进行整体加工的能力。

总之,心理学的相关研究成果表明自闭症儿童视知觉能力异于常人,对信息的加工和处理有自己的独到之处,存在视觉偏好。同时,自闭症儿童的视觉偏好表现为对图片局部的加工能力好于整体加工。视觉偏好的特点直接影响自闭症儿童对视觉信息的获取水平。教学过程中应该从自闭症儿童视觉偏好的特点出发,结合刺激物本身的物理特性,设计教学辅助策略,更好地满足自闭症儿童感知觉发展的需要。

（三）教育干预研究

弗里林(Frith)指出自闭症儿童沟通和交流障碍主要取决于整体加工缺陷。由于缺少对感知觉信息进行完整的整合能力,导致自闭症儿童无法获取完整的外界信息,影响自闭症儿童对信息的判断和处理。图片支持策略能够有效发挥自闭症儿童的视觉偏好,提高自闭症儿童对环境的理解能力、改善自闭症儿童的沟通表达能力(陈凯鸣,2001)。

图片刺激有助于改善自闭症儿童的社交能力。杨珍珍等人对 35 例自闭症儿童进行的图片交换策略的干预结果表明,94%的自闭症儿童能够完成训练任务,对自闭症儿童的社交功能、语言功能有较好的帮助,但是对行为问题改善不足(杨珍珍、吴德、唐久来,2010)。李超利用图片作为教学手段,针对自闭症儿童的视觉特点施以干预,结果表明自闭症儿童的人际关系、情感反应、躯体运动能力、对环境的适应、视觉反应、语言交流等能力都有明显的提高,其中语言能力提高较为明显(李超,2010)。

自闭症儿童也能够利用图片学习语言并进行语义加工。曹漱芹和方俊明通过对 12 名自闭症儿童进行语义加工的实验研究表明,当出现图片刺激时自闭症儿童的任务正确率比在词汇启发条件下更高,速度也更快(曹漱芹、方俊明,2001)。研究结果说明图片更加有利于自闭症儿童提取记忆中的语义信息。同时,曹漱芹等人做了进一步的研究,利用图片、视频等手段作为自闭症儿童视觉支持策略,对自闭症儿童实施语言干预训练。结果表明自闭症儿童口语总数、平均句长、模仿性语言、非模仿性语言、主动性语言、应答性语言数量明显提升(曹漱芹、方俊明、顾未青,2009)。陈丽等人对自闭症儿童采取的视觉支架式教学研究结果表明自闭症儿童口述事件能力、语法句型结构、连贯性、词汇数及平均句长等方面的语言能力有所提高(陈丽、曹漱芹、秦金亮,2010)。

关于自闭症儿童视觉偏好的教学干预研究成果表明,自闭症儿童更多利用视觉进行认知加工,但是缺乏主动加工的能力。因此,教学干预活动需要更多直观的实物呈现。除此以外,自闭症儿童对图片内容的呈现方式、图片大小、图片内容的颜色均有不同程度视觉偏好,其中自闭症儿童对红色和绿色的图片凸显出积极的偏好(林云强,2013)。

总之,自闭症儿童在感知觉方面存在障碍,表现为对外界信息进行整体的整合存在障碍,甚至是感觉过度迟钝或过度敏感,很难聚焦某个焦点或随着焦点移动,影响自闭症儿童对感知觉信息的加工和处理。所以,自闭症儿童在词语的习得方面,可能只是不能表达词语,但能够理解词语;也有可能既不能表达词语也不能理解词语(李孝洁,2009)。因此,教师在对自闭症儿童进行有关词语方面的训练时,需要结合自闭症儿童感知觉发展的特点,选择适当的辅具,有侧重地对词语的理解能力和表达能力进行训练。

二、案例分析

本节主要介绍两种类型的教育干预案例。通过对具体的案例介绍与案例分析过程的探讨,希望更好地引导教师和父母对实际的教学过程有深刻的认识与反思。

(一)ABA 教学案例

语言障碍等同语言残疾,是指由于各种原因导致难与他人进行正常语言交往活动的言语或语言障碍(朴永馨,2006)。这种缺陷影响了儿童与家长、教师、同学进行交流和合作以及建立和谐的人际关系,并且由于原发性语言障碍缺陷还会衍生出情绪与行为问题、智力问题、社交问题等继发性缺陷。

1. 基本情况与训练思路

(1) 基本情况。

浩浩(化名)男,3 岁。现就读泉州某幼儿园。家里独生子、顺产、分娩过程无异常现象。父母在外地工作,与儿童聚少离多,儿童经常与姑妈一起生活,并称姑妈为妈妈。浩浩无语言,经常用手势和动作表达自己的需要,当需要无法被满足时,经常出现哭闹行为。经泉州市儿童医院鉴定为语言发育迟缓。

目前,浩浩在一家融合性机构学习。每天浩浩只来参与一小时的感统训练,训练过程中既有普通儿童也有特殊需要儿童与浩浩一起参与感觉统合训练。

(2) 训练思路。

浩浩存在的主要问题是语言障碍,语言的发展与大脑中的布洛卡区与威尔尼克区有密切的关系。这两个区域在大脑中有广泛的神经连接,分别负责识别单词和产生词义的功能。大量的运动可以有效地促进大脑机能的发展,并积极地刺激布洛卡区和威尔尼克区的兴奋度。感觉统合训练就是以运动为主的训练活动。因此,浩浩参与感觉统合训练活动,对于大脑的布洛卡区和威尔尼克区有积极的作用,从而有助于浩浩的语言发展。

感觉统合的训练内容主要包括:爬滑板、趴地推球、平衡木站立与走动、木马旋转、袋鼠跳、翻滚等活动。每次训练一个小时,每项活动的强度都以 20 次为基础量,根据儿童的表现逐渐增加训练强度并及时记录。

2. 行为表现与分析

家长希望浩浩能够通过参与早教机构的感统训练,提高浩浩与正常儿童互动的能力。但是在机构参与感统训练的过程中,浩浩表现了严重的情绪与行为问题,不能够与教师或其他小朋友互动,影响了正常的教学秩序。

(1) 行为表现。

浩浩每次进入训练室以后,会出现强烈的哭喊、与教师厮打、丢玩具等情绪与行为问题。当训练室的门打开后,浩浩的情绪也会表现得更为强烈,并有拼命挣脱奔向门外的行为。浩浩离开训练室后,马上转变情绪并且面带微笑,表现得非常开心。浩浩的情绪与行为问题严重影响了正常训练活动的进行。

(2) 原因分析。

研究者结合浩浩的实际表现和情景特点,对浩浩的情绪与行为问题进行了细致的分析和讨论。

第一,认知因素。因为浩浩在语言方面存在障碍,所以浩浩无法理解训练员和家长的解释;同时对训练室的功能和参与训练的目的也不清楚。因此,浩浩无法对目前的任务表现出适当的行为。

第二,外界刺激。浩浩会关注训练室的门,因为门一打开就会有人出入,从而吸引浩浩的注意力。

虽然浩浩不清楚自己该做什么和为什么来训练室,但是浩浩知道自己可以从这扇门出去。当训练室的门打开后,浩浩会表现较为强烈的情绪与行为问题。

3. 干预方法与结果

根据浩浩的实际情况,研究者采取了行为矫正的方法,对浩浩的行为进行了系统的干预,并且收效甚好。

(1) 干预方法。

研究者主要采用了消退法对浩浩的行为进行了系统的干预。所谓消退法是指在一确定情境中,行为者产生了以前被强化的反应,若此时这个反应之后并不跟随着通常的强化,那么当他下一次遇到相似情境时,该行为的发生率就会降低(吕静,2007)。具体干预过程包括以下几个方面:第一,浩浩进入训练室后,训练室的门要保证关闭 30 分钟,并且期间不许有人进出,门要处于关闭状态。以后关闭时间逐渐延长,直到延长至 1 小时,即规定的训练时间。

第二,浩浩进入训练室所表现的情绪与行为问题,教师不得干预或者理会浩浩的表现,要做到置之不理,并且教师要与其他同伴进行互动性的训练和游戏。但是,教师要保证浩浩的人身安全,避免发生意外情况。

第三,第一次训练时间达到 30 分钟后,教师将门打开,并且对浩浩讲,今天训练结束,你可以离开。教师将言语和行为结合在一起,让浩浩形成条件性反射,期待下一次当教师出现语言提示后,浩浩会表现良好的情绪与行为。

第四,干预过程中,浩浩的情绪与行为问题得到改善,教师就积极地引导浩浩从事各种训练活动。浩浩表现了抗拒性的行为,教师则采取强制性的行为,并且积极地加强语言引导,逐渐增加训练次数。

(2) 干预结果。

经过 15 天的训练,浩浩的情绪与行为问题有了很大的改善。训练的第一天,浩浩的情绪与行为问题表现极度恶劣,并且哭闹行为持续很久。第二天,浩浩的情绪与行为问题表现依然很强烈。直到第 6 天开始,浩浩的情绪与行为问题的表现稍有好转,表现为哭闹声音有所降低,并且第一次尝试独自使用羊角球。教师见此状立即进行了鼓励和表扬,浩浩见到教师与自己讲话,便又大哭起来,此时教师立即离开,并且故作没听见。接下来的几天里,浩浩的情绪与行为问题越来越少,并且从独自进行训练,慢慢过渡到参与集体训练。

训练结果说明消退法能够有效地干预浩浩的情绪与行为问题,并且收效甚好,值得推广和借鉴。同时,研究者在干预过程中也积攒了一些经验和心得体会,以下将着重阐述。

4. 反思

经过 15 天的干预训练,浩浩的情绪与行为问题得到改善,并且能够积极地参与集体训练,能够与其他小朋友一起互动。研究者将 15 天的干预训练心得体会进行了反思,并得出以下结论。

(1) 探寻原因。

每个儿童的行为问题的原因不同,其行为表现也不同。因此,作为教师要从"环境—行为"互动的角度去研究行为,而不是仅从行为本身来研究改善的方法(孙立双,2008)。行为原因包括很多方面,既可以是外界因素,也可以是内部因素。例如:环境变化而引起的不适行为;由于认知水平较低,对于变换的环境或事物表现为不安或情绪不稳定(连翔,2011)。

浩浩表现的情绪与行为问题的原因是由于语言障碍所导致的个人认知方面出现了错误,表现为浩浩对训练室的环境不适应,对训练活动不理解,所以会出现哭闹行为。

(2)因人而异。

消退法对浩浩适用,而且收效较好。但是这种方法不是对所有儿童都适用。例如:有严重自伤行为的儿童就不适用,因为这些儿童表现情绪与行为问题时,也会伴随自伤的行为,如果教师依然置之不理,就可能酿成惨剧。因此,消退法的使用要因人而异。

教师对浩浩进行干预训练的过程中,未发现浩浩表现严重的自伤行为,因此消退法适合浩浩,能够有效地减少和干预浩浩异常的情绪与行为问题。

(3)训练活动的切入。

消退法只是帮助儿童减少不良的行为,但是却不能建立良好的行为。因此,当儿童出现好的行为时,教师要及时鼓励,并且引导儿童从事具体的训练活动。

当浩浩的情绪与行为问题得到改善后,教师就积极地引导浩浩的行为,并且用玩具作为强化物,激发浩浩参与训练的积极性以及提高正向行为的表现次数。浩浩在教师的引导下,渐渐地尝试参与各种训练活动,并且在训练活动中体验到了快乐的情绪。因此,以后参与训练活动的行为会越来越多。

(4)渐进性的干预原则。

干预训练要注意渐进性,即首次干预时间、强度不宜过长,以免儿童因不适应而出现较极端的行为。所以,每次干预过程中,训练的时间和强度都是逐渐增加的,当儿童出现较适应性的行为时,才加强干预的时间和强度。

浩浩首次接受干预训练时,干预时间为30分钟,因为这个时间对于浩浩而言能够接受,故此将30分钟作为首次的干预时间。当浩浩对训练活动的适应性逐渐提高后,教师将逐渐提高训练时间和训练强度,直到达到训练要求为止。

(5)综合干预。

消退法虽然在此案例中有适用,但是消退法也有许多不足,并且受到多种因素的制约。教师应该采取综合干预的方式,针对特殊需要儿童的情绪与行为问题,进行不同时间、不同地点、不同干预方式的综合干预。从多方面、多角度有效地制止和干预特殊需要儿童的情绪与行为问题。

总体而言,浩浩的训练是有成效的,但是通过对该案例的总结和反思,我们也不难发现,此案例还存在许多不足,训练内容还比较片面。例如:对于儿童语言理解、思维训练涉及较少,这些也是今后训练的重点。借此案例,希望能够为一线工作者提供更多的训练和教学的借鉴,以推动实际教学工作的顺利开展。

（二）关键反应训练教学案例

1. 案例分析

本研究主要介绍 3 例自闭症儿童语言障碍干预案例，而 3 例自闭症儿童的类型却全然不同。研究者对 3 例案例各项情况进行介绍，以期能够呈现较为详实的案例资料(表 4-3)。

表 4-3 案例基本情况与现实表现

案　例	基　本　情　况	现　实　表　现
小明(化名)	男孩,3 岁,分娩过程中正常。与父母一起生活,但是平时经常由奶奶带,家中讲广东话和普通话。3 岁时被诊断为疑似自闭症(重度)	1. 不能安静坐好; 2. 总是自言自语,但是是有内容的; 3. 发音不够清楚; 4. 一句话中夹杂着普通话与广东话; 5. 会主动表达需求; 6. 对实物的理解能力较差,水果、蔬菜、颜色等基本概念都不知道
小刚(化名)	男孩,4 岁,分娩过程中正常。1 岁之前与父母分离,在外婆身边长大。外婆每天都去种地,因此将小刚放在筐内,让其自己玩。2 岁以后随父母进城。父母随即发现儿童有异常,并寻医诊断。2 岁时被诊断为疑似自闭症(轻度)	1. 构音不标准,无法进行音节转换; 2. 舌头的灵活度很差; 3. 有眼神交流; 4. 双唇音较为正确; 5. 有较好的理解能力
小陈(化名)	男孩,3 岁,家里第二个孩子。分娩过程中正常。1 岁接触英文,在母亲的引导下学习英文,2 岁左右开始不讲话,并且主动性言语明显减少,缺少眼神对视和规则意识。3 岁被诊断为疑似自闭症(中度)	1. 缺少眼神交流; 2. 缺少主动性言语; 3. 不能够完成指令; 4. 缺少规则意识; 5. 能够表达个人需求

总之,3 例自闭症儿童的发病年龄较早,实际行为表现与实际年龄之间存在较大差异性。但是,3 例自闭症儿童都有共同的特点,例如:第一,喜欢玩做饭的游戏;第二,眼神交流有问题;第三,学习一段时间后,能够有初步的发音,而且会配合教师的授课内容,随着时间的推移,效果越来越好。但是,一段时间以后就开始拒绝上课,而且在上课的过程中,会表现很多逃避行为,除非有食物强化;第四,会对积木类的教具有积极的兴趣,待教具玩腻以后,将不再喜欢上课。研究者根据 3 例自闭症儿童各自不同的能力和兴趣,提出有针对性的学习支持策略。

2. 干预计划

研究者从 2014 年 1 月至 2015 年 1 月,每日两个小时,对 3 例自闭症儿童进行学习支持。具体实施计划如下。

基线期:研究者在基线期仅作案例的目标行为观察,不做任何介入;观察案例在游戏过程中的兴趣点以及优势能力;研究者根据观察结果做详实记录,以备后续介入做好准备。

介入期:介入期开始进行游戏干预。研究者相信,在适当的协助,以及正确的引导下,3 例自闭症儿童可以表达优势能力,并且有语言参与。在此阶段,研究者在游戏活动中观察案例的目标行为出现的次数,并做详实记录。

维持期:整个干预过程大概要进行一年之久。一年之后,研究者不再对 3 例案例进行干预,研究者再次观察案例在游戏活动中的表现是否有语言行为,并且做详实记录。

3. 理论基础——关键反应训练(PRT)

关键反应训练(PRT)源于行为主义,作为自然干预策略的一种,在继续保留回合教学行为原理的基础上,使用具有自然强化的相倚关系,尽量在自然发生的环境中教授某种行为,新行为的习得训练过程和迁移训练过程在自然环境中同时发生。关键反应训练(PRT)的具体操作可以从 3 个方面进行解读:A 前件,即给儿童提供一个学习的机会;B 行为,即观察儿童的反应;C 结果,即教师对儿童行为的反应。每一次训练中,教师都要给予儿童一定的指令或刺激,但是每次提供指令或刺激之前一定要保证儿童有关注任务本身,同时教师也要给予适当难度的任务以及多线索的提示,以保证儿童能够理解并完成学习任务;当儿童做出适当反应时,教师要立即给予强化;结果指的是在训练结束后,教师自身的反应,因为教师的反应将会影响儿童下一次的学习动机。

研究者结合关键反应训练(PRT)的具体操作流程,对 3 例自闭症儿童进行语言干预,以期通过具体的引导能够对提升 3 例自闭症儿童的语言能力和语言功能。

4. 干预过程

具体的干预过程,主要从关键反应训练(PRT)的三个部分入手,主要包括 A 前件、B 行为、C 结果。

A 前件,教师针对 3 例自闭症儿童的特点和优势能力,提供适当的语言指令以及适当难度的学习任务。训练开始前,教师先展示教具并用简短的语言讲述游戏要求;根据 3 例语言障碍儿童的优势能力,分别提出不同级别难度的学习任务,要求 3 例自闭症儿童能够及时完成。学习过程中,教师适当指导并且对学习中遇到困难的儿童提供多线索的帮助,例如:卡片、图形、颜色等不同线索的组合。因为早期干预和运用多种变化的指导语、材料等,能提高自闭症儿童对环境线索的反应能力(Schreibman, Charlop, & Koegel, 1982)。

B 行为,教师密切观察儿童的反应,当儿童做出积极的反应,教师将给予口头强化,并引导儿童继续进行下一级别的游戏任务;如果儿童做出了消极反应,教师将更换玩具或游戏内容,甚至可以将儿童带离游戏区域,进行注意力转移,目的是能够安抚儿童的情绪,同时引导儿童能够尽快参与游戏。但是,此阶段并不强迫儿童参与游戏。

C 结果,教师对每位儿童的表现都给予正面的鼓励和表扬,尽量使用正面词汇,并且杜绝使用惩罚类以及恐吓类的语言。因为,大量的正面语言刺激,不仅为自闭症儿童学习和理解语言提供了更多的机会,同时教师的言语刺激又潜移默化地为儿童提供了良好的语言示范(高钟,2014)。

5. 学习效果与分析

(1) 不同干预阶段的差异性比较。

经过一年的学习之后,研究者在经过为期半年的观察以及记录,再次使用 PEP 诊断工具对案例进行评估,以测评案例语言能力的发展水平是否有进步,甚至是否存在倒退现象(表4-4、表4-5、表4-6)。

表 4-4　小明干预效果的差异性比较

阶　段	M	SD	t 值	sig
基线期-介入期	-18.6667	4.04145	-8.000^*	0.015
介入期-维持期	-9.3333	8.38650	-1.928	0.194
基线期-维持期	-28.0000	12.16553	-3.986	0.058

注：＊ $P<0.05$

表 4-4 的结果显示小明的干预效果中,基线期与介入期相比差异显著($t=-8.000,df=2,P<0.05$);介入期与维持期相比无显著性差异($t=-1.928,df=2,P>0.05$);基线期与维持期相比无显著性差异($t=-3.986,df=2,P>0.05$)。

研究结果说明,训练方法有助于小明的语言干预,并且收效良好,但是干预后的维持期出现倒退现象,说明训练活动需要持续进行。

表 4-5　小刚干预效果的差异性比较

阶　段	M	SD	t 值	sig
基线期-介入期	-15.6667	5.13610	-5.288^*	0.034
介入期-维持期	-0.3333	4.61880	-0.125	0.912
基线期-维持期	-16.0000	6.08276	-4.556^*	0.045

注：＊ $P<0.05$

表 4-5 的结果显示小刚的干预效果中,基线期与介入期相比差异显著($t=-5.288,df=2,P<0.05$);介入期与维持期相比无显著性差异($t=-0.125,df=2,P>0.05$);基线期与维持期相比差异显著($t=-4.556,df=2,P<0.05$)。

研究结果说明,训练方法有助于小刚的语言干预,并且收效良好,而且干预后的维持期未出现倒退现象,说明训练方法具有较好的持续性。

表 4-6　小陈干预效果的差异性比较

阶　段	M	SD	t 值	sig
基线期-介入期	-3.0000	1.0000	-5.196^*	0.035
介入期-维持期	-20.3333	9.60902	-3.665	0.067
基线期-维持期	-23.3333	10.59874	-3.813	0.062

注：＊ $P<0.05$

表 4-6 的结果显示小陈的干预效果中,基线期与介入期相比差异显著($t=-5.196,df=2,P<0.05$);介入期与维持期相比无显著性差异($t=-3.665,df=2,P>0.05$);基线期与维持期相比无显著性差异($t=-3.813,df=2,P>0.05$)。

研究结果说明,训练方法有助于小陈的语言干预,并且收效良好,但是干预后的维持期出现倒退现象,说明训练方法需要持续进行。

(2)3 例自闭症儿童干预效果综合讨论

研究者对 3 例自闭症儿童进步情况进行总体评价,着重分析训练方法对每一例自闭症儿童在整个训练过程中的干预效果,根据研究结果进一步探讨 PRT 关键反应训练对自闭症儿童语言能力的影响。

训练方法虽然对 3 例自闭症儿童的语言能力都同时产生了影响,但是进步幅度却略显不同。其中,小明的进步幅度最大,差异检验的结果最接近 0.01。但是,小明和小陈在维持期都出现倒退现象,说明训练方法对于小明和小陈而言要持续进行。而小刚的训练效果具有持续性,在维持期未出现倒退现象。训练方法是否对训练结果具有持续性影响,与自闭症儿童自身的能力以及障碍程度有必然关系。对于能力较好的小刚而言,经过介入期的训练以后,在维持期基本上不需要持续性的训练。但是,对于能力较差或者障碍程度较重的小明和小陈而言,就需要持续性的训练。

总之,PRT 关键反应训练方法对于 3 例自闭症儿童的语言干预有较好的效果。但是,是否需要持续性的训练,还需要结合自闭症儿童的障碍程度而定。同时,PRT 技术还被应用在自闭症儿童的其他教学方面,例如:引导自闭症儿童学习象征性游戏、社会性戏剧游戏、同伴互动、社会交往的自我发起等(Stahmer,1995)。相关研究结果表明,PRT 技术有效提升了自闭症儿童的共同注意能力以及完成家庭作业的能力(Rocha,Schreibman,& Stahmer,2007;Whalen,& Schreibman,2003)。

通过现象看本质,从自闭症儿童语言干预的方法而言,将人性化、自然性的表现作为其干预核心,大大颠覆了行为主义塑造行为的观点和做法,非常值得我们深思和反思。自闭症儿童语言障碍的表现与其他语言障碍儿童相比有较大区别。其他语言障碍儿童首先表现的是不能说,然后是不会说,例如:听力障碍儿童。自闭症儿童表现的是不会说,就是不懂得如何使用语言。这是两个问题,所以干预的方法和理念也有较大的差异性。

总而言之,自闭症儿童的语言障碍不同于其他特殊需要儿童的语言障碍问题。自闭症儿童语言障碍早期干预的核心价值在于利用感知觉的优势和特点进行辅助和学习支持。通过利用自闭症儿童的视觉优势,建立结构化的学习环境与时间程序表,加强自闭症儿童的理解能力,引导自闭症儿童参与学习活动,增强自闭症儿童的沟通能力。

【本章小结】

本章主要探讨了自闭症儿童的教育方法。自闭症儿童的教育方法包括传统的教育方法和自然教育方法两类。传统的教育方法包括 ABA 应用行为分析疗法、结构化教学等教育方法,传统的教育方法侧重教师的"教",过度强调塑造的过程;自然教育方法包括关键反应训练、SRP、随机教学法等,自然教育方法侧重引导和陪伴,注重自闭症儿童心理发展的实际需要。本章介绍了传统教育方法与自然教育方法的案例报告,客观陈述两种类型的教育方法的特点以及优劣表现。

自闭症儿童是一种脑功能发育障碍所致的障碍群体。对于自闭症儿童的教育支持过程与教育支持方法,还需要切合自闭症儿童的实际需要,教师应该作为陪伴者、支持者、引导者为自闭症儿童提供有效的学习资源。

案例思考

萨沙今年5岁了,3岁时被诊断为自闭症。现在萨沙在某机构接受训练。每天萨沙的课程包括了语言训练课、行为干预课、感统训练课、社交训练课、音乐课等。教师常用的方法就是ABA行为分析疗法,注重将训练任务小步子化,注重在学习过程中的强化作用。在短时间内,萨沙会发音了,而且有时还能够发出"baba"的音。见到萨沙的进步,萨沙的家长都感到未来充满了希望,萨沙的奶奶也很开心,总是在别人面前让萨沙讲话,以此表示萨沙有很大的进步。

有一天,萨沙放学以后,萨沙的奶奶在机构门口见到了一位老熟人,就开心地让萨沙叫爷爷,但是萨沙却没有任何反应。对此,萨沙的奶奶很生气,不断地说:"你在机构都会说,为什么在外面就不会说了?"萨沙的奶奶也多次发现,萨沙都是在机构会讲一些发音,而且只是限定在李老师面前的时候,萨沙就会发个别音。一旦离开机构,不在李老师面前的时候,萨沙就不会讲了。对此,萨沙的奶奶也是很苦恼,不知道自己的萨沙是真的进步了还是退步了。

思考题

1. 为什么萨沙只是在机构、在李老师面前会有发音呢?

2. 你认为萨沙是进步了还是退步了呢?

3. 对此你又有何见解呢?

4. 落实党的二十大精神,如何落实"以人为本",优化自闭症谱系障碍儿童的教学方式?

第五章 自闭症儿童感知觉的发展与教育

自闭症儿童心理发展与教育

▶ 本章微课　　PPT 教学课件

学习要点

1. 感觉与知觉并称为感知觉。感知觉是人脑对直接作用于感觉器官的客观事物的反映。自闭症儿童在听觉、视觉、触觉、味觉、嗅觉、前庭觉、本体觉方面的发展都存在一定的发展障碍。

2. 自闭症儿童感知觉发展的教育支持策略，包括创建良好的教育环境、教育支持要源于生活还原生活、教育过程注重小步子多反馈、提供适当的辅助。

3. 自闭症儿童感知觉发展的活动设计，可以围绕听觉、视觉、触觉、味觉、嗅觉、前庭觉、本体觉等方面展开。

感知觉犹如大脑认识世界的一扇大门，任何信息都必须经过感知觉而在大脑中得到识别，个体才可能做出正确的反应。所以，感知觉的发展，对于个体的行为和动作表现有很大的指导作用。但是，自闭症儿童的感知觉发展与同年龄儿童相比而言，存在一定的障碍，影响了自闭症儿童与外界的交流和合作。

第一节 感知觉与感知觉障碍

感觉与知觉本来就是两个问题。感觉往往停留在事物表面，而知觉是对感觉到的信息进行加工和整合的过程。没有感觉而知觉无从谈起；没有知觉的感觉只能够是片面的、零散的。

一、感知觉的界定

（一）感觉的界定

关于感知觉的界定较为繁多，而且缺乏较为统一的定义。但是，大多数学者都是从感觉和知觉的角度对其进行界定。有学者认为，感觉是人脑对直接作用于感觉器官的客观事物的个别属性的反映（李传银，2007），包括物理属性、化学属性以及有机体的生理特征。

感觉是刺激作用于感觉器官，经过神经系统的信息加工所产生的对事物个别属性的反映。简而言之，就是人脑对直接作用于感觉器官的客观事物个别属性的反映（周瑛、胡玉平，2007）。

感觉是由感觉器官而产生的反映，是受外界刺激物的作用，依据作用感觉器官的刺激物的不同以及引起感觉的特性来分，即是我们感觉各种感受器相对应的各种感受的反映，包括了视觉、听觉、嗅觉、味觉和触觉（陈太庄，2014）。

感觉是人们从外部世界同时也从身体内部获取信息的第一步，是人们的感官对多种不同能力的察觉，并转换成神经冲动，例如：视觉中眼睛将光刺激转换成神经冲动，这些神经冲动经过神经传往大脑。当它们达到大脑皮层上的高级神经中枢以后，再进行更高一级的加工成为知觉（张厚粲，2006）。

感觉是人脑对直接作用于它的客观事物的个别属性的反映。首先，感觉是客观的，感觉以客观事物为其对象。其次，感觉是人脑对直接作用于感官的客体的反映。其三，感觉是脑的机能，是客观作用于人的感官，作用于神经系统而最终在大脑产生的（孟昭兰，2004）。

虽然不同学者对于感觉的界定都有所不同。但是，我们可以发现，其实不同学者针对感觉方面的研究，都是探讨感觉机制的构造和加工过程，以及刺激如何对这些机制产生作用，所称为的感觉大多是指客观刺激作用于感觉器官，而产生的对客观事物的个别属性的反映。包括了视觉、听觉、嗅觉、味觉、触觉、前庭觉、本体觉。综上所述，本章节所称为的感觉，是指人脑对直接作用于感觉器官的事物的个别属性的反映，是反映现实最简单的心理过程。

（二）知觉的界定

知觉是指个体对直接作用于感觉器官的客观事物的各种属性、各个部分以及它们之间关系的综合的整体的反映过程（沈德立、阴国恩，2011）。

知觉是个体将感觉信息组织成有意义的整体的过程。要利用已有的经验，对所获得的感觉信息进行组织，同时解释这些信息，使之成为有意义的整体（姚本先，2005）。

知觉是个体对直接作用于感觉器官的客观事物的各种属性、各个部分以及它们之间关系的综合的整体的认知（俞国良、戴斌荣，2007）。

有关知觉的论述，大多是指将感觉器官获取的信息进行整合加工的过程。知觉研究的基本问题是人如何把瞬间看到的世界的映像整合、组织起来，形成稳定的、清晰的完整映象，又如何在变化的环境中对自身的反映进行调整(方俊明、雷江华,2011)。综上所述,本章节所称为的知觉,是指人脑对直接作用于感官的事物的整体反映,是将各种感觉有机结合而成的综合的、整体的反映。

(三)感觉与知觉的联系

1. 共同点

第一,感觉与知觉都是对客观事物的反映,映像都是客体的具体形象,属于认知过程的感性阶段,其源泉是客观现实。

第二,感觉与知觉都是对客观事物的直接反映,客观事物作用于感官,感知觉才会产生,事物消失了感知觉也就消失了。

2. 区别

第一,感觉是对事物个别属性的反映;知觉是对事物整体的反映。

第二,感觉的产生依赖于客观事物的物理属性,相同的刺激会引起相同的感觉。知觉不仅依赖于它的物理特性,还依赖于知觉者本身的特点,例如:知识经验、心理状态、个性特征。

第三,感觉是某个分析器活动的结果;知觉是多个分析器活动的结果。

综上所述,感觉与知觉既有共同点也有区别。个体心理发展的过程中,感觉与知觉是很难进行严格区分的。

我们面前有一个苹果,红色是由苹果表面反射的一定波长的光波引起的;甜是苹果内部的某些化学物质作用于舌头引起的;重量是由苹果压迫皮肤表面引起的;圆是由苹果的外围轮廓线条作用于眼睛引起的。

我们的大脑接受了这些属性,就是感觉。这些信息经过头脑的加工(综合与解释),产生了对事物的整体认识,就是知觉。因此,本章节将感觉与知觉统称为感知觉。本章节所称为的感知觉,是指人脑对当前直接作用于感觉器官的客观事物的反映(黄希庭,1991)。这样的反映一定是在对个别属性进行加工与整合的基础上,对客观事物的整体反映。

二、感知觉障碍的界定

由于专业领域的差异,不同学者有关感知觉障碍的命名和界定还存在较大分歧,具体而言主要表现如下。

感知觉异常,是指感知觉过强、过弱或不寻常,或者对疼痛刺激反应极为敏感或反应迟钝,或者恐惧高大的建筑物,或者有极强的平衡能力等(李美华,1998)。

感觉综合障碍,是指任何一种物体都有不同属性,例如:形状、大小比例、颜色、空间等要素,需要人的感觉综合能力才能感知、正确地反映现实。这种综合能力发生障碍就会形成错误的知觉体验(钟友彬,1993)。

感觉过敏是指病人对外界各种刺激,例如对光、声、冷热等反应强烈、过敏、不能忍耐,这些虽然不是严重的心理病征,但是可以使病人心情烦躁不安,容易被激惹,常人难以理解(钟友彬,1993)。

感觉综合障碍是指患者对客观事物整体的感知是正确的,但是对这一事物的某些个别属性,例如形象、大小、位置、距离以及颜色等属性的感知与实际情况不符。还表现为感到事物变形、事物显大或者事物显小,似曾相识或者旧事如新,对周围事物缺乏真实感,感到自己整个躯体或一部分发生变化等(杨大梅、闫玉秋、高晓翠,2009)。

总之,虽然不同学者对感知觉障碍的命名和界定各有所不同。但是,本章节结合各家之言,将感知觉障碍界定为儿童在视觉、听觉、触觉等多种感知觉上存在的困难。包括:感知觉过敏、感知觉减退、感知觉综合障碍、错觉、幻觉等。

第二节　自闭症儿童感知觉的发展

自闭症儿童感知觉的发展水平与同年龄常态儿童相比而言,存在一定的不足。具体而言,主要表现在以下几个方面。

一、自闭症儿童感知觉的表现

最新的一些相关研究发现,自闭症儿童在感知觉发展方面存在不同程度的障碍。具体而言,主要研究现况如下。

自闭症儿童感知觉的发展比常态儿童滞后,并且自闭症儿童对言语的理解滞后于表达;感觉统合的技能并没有像常态儿童那样得到完善的发展,反而出现了一定的缺陷(王纯,2006)。

自闭症儿童对感官刺激的反应或是过敏或是冷漠,害怕与人目光接触,却过分留意窗帘、灯、手电筒及其光线转移等;对别人的话充耳不闻,却喜欢自己制造声音。例如:拍桌子、晃椅子,有的对耳语或某些其他声音过分敏感;对痛觉、寒冷、烫凉等表现,反应敏感或极为迟钝(王辉,2011)。

自闭症儿童非常喜欢旋转的物体,即使让自闭症儿童看上再久也不会觉得厌烦,并且自闭症儿童也非常喜欢坐在能够旋转的物体里面,即使旋转时间再长,自闭症儿童也很难产生眩晕的感觉(于文、王桂香、张瑶,2014)。

自闭症儿童存在身体运动协调障碍、结构和空间知觉障碍、身体平衡功能障碍、视听觉语言障碍、触觉防御障碍等(Cummins,1991)。

有些自闭症儿童走路不能走直线,上下楼梯时会表现出深一脚浅一脚的步伐,严重时会惧怕下楼梯;在学习上,写字不能把字写在"田"字格里,字的排序混乱,有的自闭症儿童甚至把字写得支离破碎;玩拼图和组合玩具也很笨拙;在生活中,把水倒在杯中,也会洒很多,协调性很差。另外,有一些自闭症儿童的痛觉反应迟钝,不能及时察觉身体的伤痛,受伤、流血也感觉不到疼(王淑荣、邢同渊,2014)。

由于感觉通道的一些特异性,自闭症儿童往往会通过某种固着的行为来调整感官刺激,他们常常借助这些固着行为,来过滤掉令他们感到难以承受或感到不适的视觉、听觉、触觉等方面的整合刺激(周念丽,2011)。

总之,自闭症儿童在感知觉方面的确存在障碍,并且呈现不同的表现形式。对此,教师需要进行关注,结合自闭症儿童感知觉的特点采取有针对性的教育支持。

二、自闭症儿童感知觉的特点

(一)听觉发展异常

自闭症儿童对声音的异常反应,表现在对某个普通的声音感到非常刺耳,并且以大声尖叫来回应;有时却喜欢自己制造声音,例如:拍桌子、晃椅子(图5-1)。

图 5-1　我很烦躁

(二)视觉发展异常

自闭症儿童难以统合广泛的刺激和背景,视觉主要集中在微小细节而忽略一般图像;用眼睛斜视看物体,并且能够长时间注视旋转的风扇扇叶以及凝望天空(图5-2)。

图 5-2　我看到了……

（三）触觉发展异常

触觉发展的异常表现，体现在对伤痛或不适感有漠不关心或者反应过度的现象；逃避别人轻轻地抚摸或者喜欢被人用力地挠痒，甚至会出现一些自我刺激、自我伤害的行为，包括撞击头部、拔自己的头发等（图 5-3）。

图 5-3　伤害自己

（四）味觉发展异常

喜欢吃柔软无刺激性的食物；口中不停地咀嚼东西；喜欢玩弄口水；喜欢咬衣服、咬被褥的一角；味觉方面还特别喜欢吃酸的东西（图5-4）。

图5-4　品尝味道

（五）嗅觉发展异常

喜欢闻自己或者他人的身体，尤其特别喜欢女人头发的味道；个别自闭症儿童的嗅觉特别敏感，可以闻到隔壁房间里的护手液的味道（图5-5）。

（六）前庭觉发展异常

自闭症儿童经常摇晃或摆动身体以及转动头部，长时间旋转也不会感到头晕（图5-6）。

（七）本体觉发展异常

自闭症儿童喜欢用脚尖走路，有时做出某些夸张而怪异的动作或者姿势；有些自闭症儿童无法分辨方向，穿鞋无法分辨左右（图5-7）。

综上所述，自闭症儿童在感知觉方面的发展，与同年龄儿童之间存在不同。感知觉方面的差异表现为过度或者不足。过度表现指的是自闭症儿童对个别事物的感知觉有过度逃避或者过度喜爱的行为表现；不足指的是自闭症儿童对个别事物的感知觉有获取信息不完整的现象。如此而言，自闭症儿童在感知觉方面的障碍，严重影响了自闭症儿童与常态儿童之间的交流，甚至影响自闭症儿童参与社会活动。对此，教师需要对自闭症儿童施以教育支持。

图 5-5　我喜欢的味道

图 5-6　我不会眩晕

图 5-7　我没有方向感

第三节　自闭症儿童感知觉发展的评估

　　有关评估的称谓各有不同,有的学者称其为评量,有的学者称其为评鉴。总之,有关评估的称谓众多,出处也较为复杂。本章节中主要将其称作评估,主要的目的是对自闭症儿童的心理发展水平进行数字评量与质性陈述,客观表现自闭症儿童心理发展的水平。

　　有关感知觉发展水平的评估工具与评估方式也较多,但是有关自闭症儿童感知觉发展的评估工具与评估方法则较少,更多是与常态儿童的感知觉发展的评估工具与评估方法相重叠。

一、自闭症儿童感知觉发展领域评估工具

　　《心理教育评定量表》由美国斯考普勒等人编制,主要适用于年龄在 0～6 岁自闭症及其相关发育障碍儿童进行个别化评估的一种发展量表。《心理教育评定量表》的每个领域都可以独立进行评估,整套量表可以按领域分开评估,可以在 2 周内完成全部评估项目。

　　感知觉领域评估项目共 55 项。主要评估儿童视觉、听觉、触觉、嗅觉和味觉五个范围在注意、反应、辨别和记忆等方面的能力现状、优劣与需求。

《心理教育评定量表》每个学年进行三次评估,第一次评估是为制定康复训练目标进行的基线评估,第二、三次评估既是对康复训练效果评估的阶段性评估,也是为调整后续康复训练目标服务的诊断性评估。

评估项目包括感知觉、粗大动作、精细动作、语言与沟通、认知、社会交往以及生活自理七个领域,评分有"通过(P)""中间反应(E)""不通过(F)""X"4个级别。

通过(P)——记1分,表示在没有示范或协助下,儿童能独自完成某项目。

中间反应项(E)——不计分,表示儿童虽然未能完成某项目,但具有所要求动作的意识;或在协助、重复指示和示范后,能尝试完成某项目。中间反应项可以直接转化为个别化训练目标,但不作为统计项。

不通过(F)——记0分,表示即使有示范或协助,儿童也不能完成某个项目。

X——不计分,表示某个项目不适合所测试的儿童。

除此以外,有关自闭症感知觉发展的评估量表,还包括《自闭症行为评估量表》(ABC)、《儿童自闭症评定量表》(CARS)、《韦氏学前儿童智力量表》《克氏行为量表》《儿童适应行为量表》等。

二、自闭症儿童感知觉发展领域评估项目与内容举例

本章节结合不同的评估工具,对自闭症儿童感知觉发展领域的评估项目与内容进行汇总(详见表5-1)。

表5-1　评估项目与评估内容

评 估 项 目	评 估 内 容
注视光线刺激	在距离儿童眼睛约25 cm处出示光亮以吸引儿童注意,观察其反应
注视颜色刺激	在距离儿童眼睛约25 cm处摇晃气球以吸引儿童注意,观察其反应
指出图形拼块的正确位置	测试人员将模板放在儿童面前(三角形的底边靠近儿童),将各种形状的拼块正面向上放在模板与儿童之间,避免将各拼块放在与其形状相同的洞下面 指向拼板并示意儿童将各拼块放进模板 一段时间后,若儿童表现出不明白或有困难,教师可用圆形拼块示范,然后将该拼块放回桌子上,并指示儿童将所有形状的拼块放进模板 指示步骤: 1. 用圆形拼块示范 2. 用全部拼块示范 3. 用动作协助儿童尝试拼放全部拼块
指出动物拼块的正确位置	教师将动物模板放在儿童面前,动物拼块则放在模板与儿童之间,避免将拼块放在拼块大小对应的位置下。指向模板并指示儿童将各拼块放进去,但不要直接指向任何一个模板洞

评估项目	评估内容
专心聆听音叉响声	在儿童背后,慢慢接近他,尽量把音叉保持在儿童视野范围以外,大约距离儿童耳朵 10 cm 左右,两边都要测试。用有颜色的盒子来吸引儿童的注意力,以防他的目光跟随着那些移动的人
专心聆听秒表	教师将秒表放在儿童视野以外,距离儿童大约 5～10 cm 处,开始测试,两边都要检查。检查者或父母可用耳语来诱导儿童达到一个聆听的情绪
凭触觉配对物品	把儿童的眼睛蒙起来,先让儿童触摸海绵球,告诉他:这个球是软的 把海绵球放入已装着硬塑胶球的小布袋,说:"这里有两个球,有一个是软的,你把它拿出来。"
凭触觉挑选常见物品	把儿童的眼睛蒙起来,将所有物品放入小布袋里,然后让儿童把手伸入小布袋中摸索物品,说:"你用手摸一摸,把小车拿给我。" 把小车放回袋中,再测试其他两样物品,每次都将物品放回袋中。(顺序:车、牙刷、球)
对3种不同味道作出反应	在日常生活或评估期间观察;或询问家长:儿童对不同的味道有反应吗? 是什么味道或什么反应? 注:如果家长不能自己列举出有反应的3种味道,或不明白问题,则说出一些例子供其参考
分辨咸、苦味道	教师分别让儿童品尝,提问:"哪种食物是咸的? 哪种食物是苦的?"观察儿童能否说出
辨别食物的软、硬和滑、粗	分别让儿童品尝汤圆和米饭,提问:"哪种食物滑? 哪种粗糙?"观察记录。(可在日常生活中测试观察)
分辨香、臭气味	拿出少量香水和臭豆腐,让儿童闻一闻,问:"哪个是香的,哪个是臭的?"

　　教师或者父母可以根据实际情况以及自闭症儿童的实际能力,有所侧重地进行评估,也可以选择适当的项目进行评估,还可以自己设定相关游戏内容进行评估。评估过程中,需要结合具体情况灵活应对,更需要采取多种方法的相互结合。

三、注意事项

自闭症儿童感知觉发展的评估应注意以下几方面:
(1) 客观地看待评估结果,结合不同的评估结果综合考量;
(2) 保证评估过程的科学性,注重工具的科学性与评估结果的科学性;
(3) 利用生活中的刺激物作为评估工具,将评估过程游戏化、生活化;
(4) 不要过度强制自闭症儿童参与评估,避免评估结果的无效性。

第四节　自闭症儿童感知觉发展的教育支持策略

自闭症儿童感知觉发展的教育支持策略,是结合评估结果提供有效的教育资源。有关评估问题在第三章中有所论述,在此不作赘述。自闭症儿童感知觉发展的教育支持过程,不应遵循流程、不应该刻板划一,避免脱离生活,而过度关注学习本身。因为,个体在表现心理活动的过程中,个体的感知觉、记忆、思维、想象等心理活动是不可能单独出现的。因此,针对感知觉发展的教育支持,需要在复杂的生活环境与复杂的社会环境中,借助其他心理活动的互相协作而完成。

一、创建良好的教育环境

自闭症儿童对教育环境有较高的要求。环境包括了情感环境和物理环境。情感环境主要是常态人群对自闭症儿童的接纳和包融,充分激发自闭症儿童的情感和兴趣;物理环境是指创建安静的教育环境,消除自闭症儿童的紧张情绪,减少噪音的干扰和影响。

今天的活动主要是进行一些游戏活动,活动中我们共同模仿《两只老虎》的儿歌动作。活动过程中,我故意夸大动作的表现,一边跳跃一边唱歌,小明(化名)虽然不懂得唱歌,但是也模仿着我的动作,频频发出开心的笑声和不由自主的发音。最后,我将小明托起,假扮飞机在房间内旋转,小明很开心,还会时常伴有言语出现。

就这则教学片段的内容而言,自闭症儿童能够表现良好的行为,关键是愉悦的游戏氛围满足了自闭症儿童感官刺激的需要,并保持良好的积极性。因此,良好的教育环境具有积极的意义,对于自闭症儿童的心理发展具有重要作用。

二、教育支持要源于生活、还原生活

教师要善于利用生活中的材料作为教具,增加对自闭症儿童的感知觉刺激,例如:砂纸、牙刷等。同时,教师要注重体现教育活动的生活化,保证教育环节的自然性、生活性,避免教育活动流于形式或者机械刻板,导致教育结果的一致性和重复性。

我将两个装水的水杯给小明(化名)看,然后问小明哪个杯子的水多。接下来,将水杯里的水倒入盆中,将塑料制品和铁制品的玩具放入盆中,让小明观察,哪个会浮起来,哪个会沉下去。

从教学片段的内容可见,教师利用实物进行演示,将抽象的理论转化为具体的实践,增加了教育资源对自闭症儿童的感官刺激,提升了教学效果,更加有助于自闭症儿童进行学习。

三、教育过程注重小步子、多反馈

自闭症儿童的教育过程要注重将教育内容分解开来,一点一点进行教育,安排教学内容,尽量难度适中。同时,教师还要了解更多的反馈信息。将教育内容化整为零,循序渐进地进行,对反馈的不良信息及时纠正。感知觉的能力是一个逐步提高的过程,所以在训练时应该尽量做到循序渐进。

今天在上感统训练课的时候,我将扔球的动作分为三个步骤。首先,让小明(化名)双手持球,并且保持持球的动作不动;其次,我让小明双手扔球,小明可以随意做动作,我不会约束他;最后,我从远处将球抛给小明,要求小明双手接球。通过将动作分解然后再整合,最终完成整个学习过程。

就这则教学片段的内容而言,结合小明的学习能力,教师将复杂的教学过程分为三个步骤进行活动,并且形成完整的回路,保证了学习过程的完整性。同时,更加有利于锻炼小明手眼协调的能力。

四、提供适当的辅助

根据教育内容以及特点选择适当的辅助方法,包括语言提示、动作提示、图片引导等。通过适当的辅助,帮助自闭症儿童能够及时获得成功。如果教师提供的辅助方式或者手段有误,也可能导致自闭症儿童长期依赖辅助手段,或者经常故意延长任务的完成时间,无法独立完成指令。

小明(化名)不懂得活动的要求以及活动何时开始何时停止。于是,我将活动的过程分为四个步骤,用图片的形式将活动过程展现给小明看,并且引导小明在完成游戏活动以后,贴上一颗五角星,表示活动结束。

就这则教学片段的内容而言,教师使用了结构化教育方法,利用图片作为辅助教学的手段,引导自闭症儿童通过视觉获取活动信息。

总之,自闭症儿童感知觉发展的教育支持策略应体现生活化、自然化、循序渐进的特点。不强调刻板和机械式的教育风格。实际的教育支持过程中,教师要根据自闭症儿童的实际需求以及感知觉发展的特点,采取有针对性的策略,为自闭症儿童提供教育支持。

第五节　自闭症儿童感知觉发展的教育支持活动

自闭症儿童感知觉发展的教育支持活动有不同的形式和内容,教师可以结合具体情况灵活应对。本章节由于篇幅有限不做赘述。以下列举几种教育支持活动,仅供参考。

活动一:听觉注意

【活动内容】

活动准备:音叉、鼓、铃铛等乐器。

适应年龄:5~6个月。

活动要求:教师在自闭症儿童背后,慢慢接近自闭症儿童,尽量把音叉保持在自闭症儿童视野范围以外,大约距离自闭症儿童耳朵 10 cm 左右,两耳都要进行刺激。同时,教师要用有颜色的玩具吸引自闭症儿童的注意力,避免自闭症儿童的目光受外界干扰。

活动总结:

1. 活动过程中教师也可以使用鼓、铃铛等乐器作为刺激物。

2. 教师要引导自闭症儿童,对不同乐器产生熟悉度以及适应不同的音质。

【专家建议】

教师在组织活动的过程中,可以尝试渗入认知因素,例如:引导自闭症儿童认识乐器,练习发音;认识颜色,形成概念。除此以外,教师不应局限于教室内开展活动,可以带领自闭症儿童在室外或者在公园内进行活动,增加活动本身的娱乐性和生活化。

最后,教师也可以不使用乐器,利用一些电子元素或者工具,使其发出动物或者交通工具的声音,引导自闭症儿童进行辨别。对于在融合教育环境中的教学,教师要引导配班教师协助自闭症儿童参与活动,或者请能力较好的常态儿童辅助自闭症儿童参与学习活动。

活动二:听觉辨别

【活动内容】

活动准备:收录机、卡片。

适应年龄:2~3岁。

活动要求:教师用收录机播放门铃的声音、冲水的声音、下雨的声音、雷声等不同声音。然后教师向自闭症儿童出示卡片,要求自闭症儿童根据听到的声音找出相应的卡片。

活动总结:

1. 此活动需要有一定认知能力和表达能力的自闭症儿童方可进行。

2. 此活动极大地锻炼了自闭症儿童的听觉辨别能力,尤其是对不同声音的认识和理解。

【专家建议】

教师可以让自闭症儿童根据卡片内容,做出正确的发音,例如:自闭症儿童拿着汽车的卡片,就要发出"嘟嘟"的声音。活动过程中,教师要给不同障碍程度的自闭症儿童提供支持,不能过度强调发音或者认知环节。教师也可以把自闭症儿童带到生活环境中,用真的汽车鸣笛的声音,引导自闭症儿童的听觉感知能力。

融合教育过程中,教师要尽量让自闭症儿童参与到活动过程中,即使自闭症儿童不能发音或者无法做出正确判断,教师也要引导自闭症儿童做适当的参与,例如:自闭症儿童把卡片交给下一位同学,甚至让自闭症儿童用手指点一点卡片。

活动三:视 觉 追 视

【活动内容】

活动准备:气球、手电筒。

适应年龄:1～2岁。

活动要求:教师在自闭症儿童面前3米处,由慢而快地来回移动气球,等待自闭症儿童进行追视或捕捉;然后,教师再将手电筒的光点在房间内的墙上来回移动,引起自闭症儿童的追视与捕捉。

活动总结:

1. 活动中要求自闭症儿童能够对气球或者光点产生兴趣,并配合活动的进行。

2. 活动进行过程中,教师不必过度强调规则和流程,凡是自闭症儿童感兴趣的活动都要尝试。

【专家建议】

教师选择视觉追视的工具很重要,一定是自闭症儿童喜欢的或者感兴趣的刺激物。同时,教师要适当地让自闭症儿童能够抓到移动的刺激物,以便自闭症儿童能够有更多的兴趣和积极性参与到活动来。

如果在融合班级内进行,教师也可以多多带动常态儿童或者请更多的家长共同参与。这样可以调动活动的气氛,引导自闭症儿童参与活动的积极性。

活动四：视觉记忆及重整

【活动内容】

活动准备：水杯、糖果。

适应年龄：5～6 岁。

活动要求：教师将 3 只杯子倒扣在桌子上，排成一排，吸引自闭症儿童的注意力。然后开始第一次游戏：将 1 颗糖果藏在中间的杯中，慢慢将它与右边的杯子交换位置，然后指示自闭症儿童寻找糖果。如果自闭症儿童没有明白教师的意图，教师就要拿起右边的杯子，出示糖果，然后将糖果重新放在中间的杯中，再次引导自闭症儿童寻找糖果。

第二次游戏过程中，教师将糖果藏在左边的杯中，慢慢与中间的杯子交换位置，再次引导自闭症儿童寻找糖果。

第三次游戏过程中，教师将糖果放在右边的杯中，然后和左边的杯子交换位置，再次引导自闭症儿童去寻找糖果。

活动总结：

1. 活动要求自闭症儿童有一定的认知能力，能够理解教师的意图。

2. 教师要循序渐进引导自闭症儿童进行游戏活动。

【专家建议】

教师在首次进行该活动的时候，最好使用颜色不同的杯子，更加有助于自闭症儿童理解活动的要求，也便于自闭症儿童找到强化物。同时，在自闭症儿童不配合的情况下，教师也可以尝试在杯中放置强化物。但是，在后续的游戏中，强化物要被取缔，并且不能够长期使用强化物，否则游戏本身就失去教育意义了。

融合班级中，教师要利用同伴支持，为自闭症儿童提供协助和正确的示范。同时，教师可以尝试更改活动的形式，利用生活中的水杯或者碗作为道具，更加有助于自闭症儿童理解活动要求。

活动五：触 觉 辨 别

【活动内容】

活动准备：布袋、小车、牙刷、玩具、球。

适应年龄：2～3 岁。

活动要求：教师把自闭症儿童的眼睛蒙起来，将所有物品放入小布袋里，然后让自闭症儿童把手伸入布袋中摸索物品，并且要求自闭症儿童用手摸一摸，找出小车。如果自闭症儿童能够准确找到小车，教师再要求自闭症儿童摸出其他物品。

活动总结：

1. 活动过程中如果自闭症儿童无法接受蒙眼睛的环节,教师可以取消此环节。

2. 活动进行过程中教师要耐心引导自闭症儿童完成指令。

【专家建议】

此活动主要是锻炼自闭症儿童的触觉。因此,活动过程中尽量放一些自闭症儿童熟悉的物品,切勿放入危险物品,容易对自闭症儿童造成伤害。同时,教师要保证自闭症儿童在参与活动过程中不能够见到物品,自闭症儿童完全是利用触觉在参与活动。由于自闭症儿童能力差异较大,因此,第一次学习的时候,教师可以尝试在布袋内放入一个或者两个物品,让自闭症儿童能够直接感受并且迅速做出反应。这样的设计,可以更好地带动自闭症儿童的积极性,也便于自闭症儿童理解游戏规则。

如果自闭症儿童不会发音,教师可以让自闭症儿童把取到的物品放在相应的卡片上,以代替发音。如果在融合班级中,教师要尽量分组进行,给自闭症儿童更多参与的空间,让能力较好的常态儿童对自闭症儿童进行适当的辅助和支持。

活动六：触 觉 记 忆

【活动内容】

活动准备：弹子球、乒乓球、小皮球。

适应年龄：5~6岁。

活动要求：教师把自闭症儿童的眼睛蒙起来,让自闭症儿童触摸不同大小的弹子球、乒乓球、小皮球,将它们按照从小到大的顺序排列起来。

活动总结：

1. 活动过程中如果自闭症儿童无法接受蒙眼睛的环节,教师可以取消此环节。

2. 此活动需要自闭症儿童具有一定的认知能力和语言理解能力。

【专家建议】

这个活动难度系数较大。因此,教师在组织活动的过程中,可以先尝试用两个物品或者两个玩具进行操作,等待自闭症儿童完全熟悉活动要求了,教师再为自闭症儿童提供较多的教具进行操作。教师可以尝试,让自闭症儿童按照从小到大或者从大到小的顺序进行排列。

除此以外,教师也可以尝试按照高矮的顺序反复练习。前提是自闭症儿童一定能够理解活动的要求,并且具备基本的概念,才能够让自闭症儿童进行独立的操作。同时,教师要保证活动的安全性,避免自闭症儿童误食玩具。

如果在融合班级中,常态儿童的参与很重要,常态儿童不仅要起到示范作用,同时也要能够引导自闭症儿童参与活动。

活动七：味　觉　辨　别

【活动内容】

活动准备：橘子汁一杯、温开水一杯。

适应年龄：2～3岁。

活动要求：教师分别让自闭症儿童喝橘子汁和温开水，并且让自闭症儿童选择出哪杯是橘子汁，哪杯是温开水。教师观察自闭症儿童是否能够分别指出橘子汁、温开水。

活动总结：

1. 活动过程中教师要保证自闭症儿童的安全，避免发生危险。

2. 活动进行过程中教师要善于引导。因为有个别自闭症儿童不喜欢饮水，这样会给活动的进行带来阻力。所以，教师也可以把水换成不同味道的果汁。

【专家建议】

橘子汁和温开水的味道有较大的差别，这种差别明显的味觉刺激，可以更好地让自闭症儿童做出选择。教师在实施过程中，尽量选择差别明显的味道进行味觉刺激，这样更便于达到预期的教学效果。同时，避免烫伤、割伤等危险因素对自闭症儿童造成不必要的伤害。

同时，教师不仅要充分利用各种果汁或者味道鲜美的饮料作为道具，也要注意在学习过程中，避免每次倒入杯中的液体太多，容易导致自闭症儿童一饮而尽，失去学习的机会。教师倒入杯中的液体要适当，不能太少也不能太多。

融合班级中，由于人数较多，教师要注意每个人用一个杯子，要激发常态儿童的示范作用，尤其是参与活动过程中的表情和动作。当常态儿童喝果汁的时候，要同时伴有夸张的表情，以吸引自闭症儿童的注意和兴趣。

活动八：味　觉　记　忆

【活动内容】

活动准备：浓糖水一杯、淡糖水一杯。

适应年龄：3～4岁。

活动要求：教师分别让自闭症儿童品尝哪杯糖水味道浓，哪杯糖水味道淡，并且按指令指出糖水。

活动总结：

1. 活动过程中教师要保证活动过程的有效性，尽量避免流于形式。

2. 活动进行过程中教师可以根据自闭症儿童的喜好，改变饮品的味道。

【专家建议】

教师在为自闭症儿童提供糖水的过程中,两杯糖水的甜度要有较大区别,注意糖水的温度,保证自闭症儿童在学习过程中的安全性。除此以外,教师也可以尝试用不同味道的饮品,引导自闭症儿童对苦味、咸味、甜味做出判断。

融合班级中,教师要提供多个杯子,注意个人卫生。同时,常态儿童要做出正确的示范,尤其是在参与活动过程中,使用夸张的表情,吸引自闭症儿童的兴趣和积极性。

活动九:嗅 觉 辨 别

【活动内容】

活动准备:香水一瓶、臭豆腐一份。

适应年龄:1～2岁。

活动要求:教师拿出少量的香水和臭豆腐让自闭症儿童闻一闻,并且让自闭症儿童选择出香的和臭的。如果自闭症儿童无法完成指令,教师要给予引导和协助,尤其需要教师利用夸张的表情和动作,引起自闭症儿童的关注。

活动总结:

1. 此活动需要自闭症儿童有一定的认知能力。所以,教师要耐心引导,不宜操之过急。

2. 活动进行过程中,教师可以尝试把香水和臭豆腐分别先后呈现。

【专家建议】

自闭症儿童对味道的理解能力较差,对于香味和臭味的理解也不好。教师利用香水和臭豆腐进行对比,有较好的实践意义。同时,教师的在实施教学过程中,要注意香水和臭豆腐呈现的顺序,保证自闭症儿童能够对概念有所认知,方可保证教学效果。

融合班级中教师可以尝试分组学习,提供多个可供儿童鉴别的物品。同时,常态儿童的协助和支持对于自闭症儿童的学习有重要作用。

活动十:嗅 觉 记 忆

【活动内容】

活动准备:香蕉一个、苹果一个。

适应年龄:2～3岁。

活动要求:教师蒙住自闭症儿童的眼睛,让自闭症儿童闻气味,并且说出或者指出是香蕉或者苹果。如果自闭症儿童无法发音,教师可以让自闭症儿童指认卡片。

活动总结：

1. 教师要保证活动的有效性，避免流于形式。

2. 教师可以尝试把香蕉和苹果按照先后次序分别呈现。

【专家建议】

教师在实施教学过程中，可以把分辨物先后呈现，让自闭症儿童在认知层面先建立联结。同时，教师要注重学习过程中的认知理解，尤其对概念的认识要在学习活动中有所体现。个体的学习过程，是需要多个心理活动共同参与的，一个游戏活动，可以进行多个心理层面的学习。学习的关键要有乐趣，不要过度地机械地学习，避免自闭症儿童出现厌倦情绪。同时，分辨物本身也是一种强化物，教师可以尝试让自闭症儿童品尝分辨物，并且激发自闭症儿童学习的主动性。

融合班级中，教师可以尝试分组学习和个别学习相结合的方式。对于常态儿童，教师要布置一定的学习任务，以此引导常态儿童辅助自闭症儿童进行学习。

总之，自闭症儿童的感知觉发展存在障碍，需要一定的教育支持活动给予干预或者补偿。有关自闭症儿童感知觉发展的教育支持活动，还需要借助游戏形式，结合自然化与生活化的学习资源，更好地促进自闭症儿童感知觉的发展。

【本章小结】

本章节主要探讨了自闭症儿童感知觉的发展与教育支持，包括感知觉与感知觉障碍的相关概念，自闭症儿童感知觉发展的表现、特点以及评估，教育支持策略，教育支持活动。通过对概念的解读，进一步结合自闭症儿童感知觉发展的表现和特点，提供有针对性的教育支持策略和教育支持活动。但是，对于自闭症儿童感知觉的教育支持，教师不应局限于个别策略或者活动，还需要结合具体情况，灵活应对，结合多种方式、方法，保证教育支持的有效性。

案例思考

托尼是一名社会工作者，目前正服务于一所特殊教育机构。这所特殊教育机构主要招收发育障碍的儿童，其中包括自闭症儿童。托尼对于自闭症儿童一无所知，过去没有从事过相关工作的经验。当托尼来到教室时，他发现所有的小朋友都在做自己的事情，小朋友之间没有任何交流，但是教室内还是会时常传出一些噪音。这些声音都是来自自闭症儿童自己，他们每天都会不断地发出咿咿呀呀的声音，或者还做出一些自伤的行为。

托尼的工作是辅导一名自闭症儿童进行学习。托尼发现，这名儿童每天都会不断地用指尖撕纸，把纸片撕得碎碎的，然后在指尖上进行摩擦。托尼开始关注这位自闭症儿童的行为，并且尝试不断去制止和约束。当自闭症儿童有撕纸的行为时，托尼就会惩罚他，将其双手束缚，并且要求他站在角落处反省。每当托尼不在教室的时候，这位自闭症儿童还会继续撕纸，有时会将纸张搞得很乱。

对于托尼而言,目前还没有更好的方法。托尼想用较为极端的方法帮助这名自闭症儿童,期望能够从感官上给自闭症儿童一些警告,期望能够减少这名自闭症儿童撕纸的行为。

思考题

1. 案例中的自闭症儿童,撕纸的行为与感知觉的发展有必然关系吗?

2. 你认为托尼采取的方法是有效的方法吗?

3. 你认为在案例中,托尼在实施干预之前应该做些什么呢?

4. 请你从教育的角度,为托尼提几点教育建议。

5. 践行党的二十大精神,如何做到科学了解自闭症谱系障碍儿童的感知觉发展特点?

第六章 自闭症儿童的动作发展与教育

自闭症儿童心理发展与教育

▶ 本章微课　　PPT 教学课件

学习要点

1. 动作是有一定动机和目的并指向一定客体的运动系统。当人脑出现障碍时,此运动系统会受到影响,就表现出我们所谓的运动障碍。

2. 自闭症儿童在动作发展方面存在障碍,因此需要从充分利用生活环境、合理选择教育资源、详细记录教育支持的过程、注意强化物的使用、增进同伴支持五个方面着手。

3. 自闭症儿童的大肌肉运动、小肌肉运动的教育支持活动,需要结合具体的游戏形式,体现活动的娱乐性和趣味性。

动作的发展是由神经中枢、神经、肌肉协调控制完成的。从心理学的角度讲,动作是活动的组成部分,动作的发展是自闭症儿童活动发展的直接前提。因此,自闭症儿童的动作发展水平直接影响活动发展的程度。为了进一步提高自闭症儿童动作发展的水平,教师必须辅以适当的教育支持。

第一节 动作与动作障碍

动作是一个复杂的系统,它的出现涉及了肢体、躯干的肌肉、骨骼、关节协同活动等,具体表现为走路、跑步、投篮、跳跃等不同动作形式。如果个体的动作出现了问题,就会导致个体无法控制个人的躯干或者在行进中,无法顺利地实现预期的目的,严重影响个体的生活和学习。

一、动作的界定

有关动作的研究,不同学科对其的认识也各不相同。一方面,运动学认为在时间和空间的作用下,躯体的肌肉和关节一起活动,由于参与的肌肉和关节的数量不同,所构成的动作类型和强度也有不同。这个定义强调动作在外显形式上肌肉和关节的参与量。神经学认为,神经系统会参与到任意一个动作中,不管多么具有协同性和多水平的特点,特别是对人类的动作而言,脑的调控作用更为突出(贾燕,2013)。

动作这个词是指那种宏观的肌肉收缩,动作是由宏观的肌肉群的收缩来实现的(张述祖、沈德立,2008)。

动作包括人体上肢、下肢、躯干3个部位,每个动作是这三部分的组合,其中下肢和躯干的动作相对简单,比如躯干有挺直和弯曲,下肢有交互作用、屈膝、伸直等。而上肢动作在动作定义时,只作为辅助动作,包括双臂下垂、自然摆臂、双臂弯曲、自然摆动。同时又要考虑加速度、位移、姿态角、人体轴面等信息(侯祖贵,2013)。

另一方面,从心理学的角度而言,心理学将动作视为信息加工的过程和结果,认为动作是心理功能的外在表现(贾燕,2013)。

动作是无意识或有意识的身体运动或运动系列。其对象既可以是客观事物,也可以是周围的人。根据受意识控制程度的高低,分为意志动作和冲动动作。一系列动作经过反复练习可以成为自动化的动作系统(林崇德、杨治良、黄希庭等,2003)。

动作是指单个的不随意和随意动作,是简短的行为或行为的一部分。不随意运动大多属于非条件反射性质;随意运动就是意志活动(杨志寅,2004)。

动作是指由于骨骼和肌肉状态的变化引起的机体状态的改变。这种变化有时是受大脑控制在意识条件下发生的,有时处于无意识状态(陈会昌,1995)。

综上所述,无论运动学或心理学对动作的解释,可以认为动作绝对不只是肌肉的活动,也不仅仅是生理性的活动。动作是具有一定动机和目的并指向一定客体的运动系统。

二、动作障碍的界定

当个体对躯体内外的刺激做出一种不完整的行为反应时,就出现了我们所见到的动作障碍。动作障碍的出现,影响了个体对预期目的的执行和完成。有关动作障碍的界定,也是众说纷纭。

动作障碍表现为精神运动兴奋时,患者的言语动作显著增多,或者动作增多为主,或者言语增多为主。兴奋躁动明显时,表现为乱喊乱叫、东奔西走、撕衣毁物、敲门砸窗,或者阵发性冲动、破坏等行为;运动障碍表现为精神运动抑制时,患者的动作和言语普遍减少。轻者表现为动作迟缓、不愿多动、声音低小、缺乏主动性、表情淡漠等;重者则表现为不言不动、不吃不喝、表情呆板、对周围事物缺乏反应等(邓瑞予,1990)。

动作障碍顾名思义,即是由意志所控制的动作出现了问题,不能随心所欲地执行动作。我们都知道,人体是由大脑发出指令,之后才有行动的产生,但是大脑一旦指令出了问题,平时轻易就能做到的动作可能会变得非常缓慢,甚至无法行动。此时大脑的抑制性与选择性变差了,外在的表现就会有许多不自主的动作产生(吴瑞美,2007)。

动作障碍可以包括全身性以及局限性动作失常,又可以突出表现于面部表情、身体姿态或者语言书写等各方面的运动和动作出现障碍(王善澄,1981)。

动作障碍是由大脑发育问题导致的书写以及一系列动作行为障碍,动作障碍儿童有中等或中等偏上的智力水平,他们通常表现出以下行为特征:行为笨拙、精细动作和大动作控制困难;身体意识和姿势稳定性差;读写困难和执笔怪异(孟祥芝、孔瑞芬、周晓林,2001)。

综上所述,运动障碍源于脑部发育或脑部机能异常,而导致个体对肢体或躯干控制出现问题,以至于影响个体的生活和学习。综合不同学者的观点,本章节提出,所谓动作障碍,是指由于大脑发育问题而导致的书写以及一系列动作行为障碍,包括:刻板动作,即无目的地重复某些简单的言语或动作;强迫动作,即个体明知不必要却又难以克制要去重复的动作,否则就会产生焦虑或不安;模仿动作,指个体毫无意义地模仿别人简单的动作;持续动作,指个体对一个有目的而且已经完成了的动作进行无意义的重复;其他类型,主要指行为笨拙、动作控制困难、身体平衡意识以及姿势稳定性差。

第二节　自闭症儿童动作的发展

自闭症儿童的动作发展与常态儿童相比而言,依然会按照人体生理发展的正常轨迹进行。但是,自闭症儿童的动作发展有独特之处。

一、自闭症儿童动作发展的表现

根据相关研究结果而言,自闭症儿童的动作发展的表现,主要体现在以下几个方面。

(1) 自闭症儿童的粗大动作和精细动作都存在明显损伤,但是粗大动作的发展好于精细动作(Page, & Boucher, 1998; Ghaziuddin, & Butler, 1998;韩文昌,2012)。

(2) 多数自闭症儿童呈现感觉统合失调,一部分儿童身体动作协调性不好,或者能进行粗大运动,但是不能完成精细运动(徐光兴,2010)。

(3) 从模仿能力的三个维度来看,自闭症儿童在粗大运动模仿上显示优势,平均分达到 80 分以上,精细模仿处于当中位置,平均分在 70 分左右(孙圣涛、费叶,2005)。

(4) 自闭症儿童不会主动拿东西,手眼协调、指尖动作和手指伸展动作发展缓慢,基本上没有抓、放、拿、推、鼓掌、拍等行为动作(陈燕琴、兰继军,2015)。

(5)自闭症儿童协调能力差,手部无力。做手工时,灵巧性较差;拍皮球时,手部力量较弱,球拍不起来,手眼协调能力较弱(钱旭强,2013)。

(6)自闭症儿童控制平衡能力差,越过障碍时协调不好,经常摔跤,控制速度和力量的能力差,完成整个身体协调的动作有难度,大肌肉的力量和身体的耐力不足(贾美香、鲍秀兰,2014)。

综上所述,自闭症儿童的动作发展的确存在障碍。主要表现在不能准确地拿取物品、不能参与正常的学习活动、不能够参与有效的大肌肉运动和小肌肉运动。说明自闭症儿童的大脑在处理肢体动作方面存在问题,而导致动作障碍。

二、自闭症儿童动作发展的特点

通过以往相关研究的文献资料,可以发现自闭症儿童在动作发展方面的确存在障碍,具体而言主要有以下几个方面的特点。

(一)协调能力较差

肢体的控制能力较差,很容易摔倒或者手眼协调不好。主要表现就是无法掌控身体重心,更加无法控制自己的动作能力,包括支配能力、灵活度和平衡能力等等(图6-1)。

图6-1 我的协调性不好

（二）大肌肉动作笨拙

跳跃、投掷以及跑步等动作过程中,会出现动作不协调、跌倒、姿势控制、肌肉张力不足等问题,影响预期目的的实现以及动作完成的质量(图 6-2)。

图 6-2　我的动作很笨拙

图 6-3　我的精细动作较差

（三）精细动作笨拙

执笔、使用筷子和勺子的时候会出现障碍；玩弄拼图时无法实现两指的拿捏等基本精细动作；无法完成画线、堆积木等基本动作；不能够自如地完成系扣子、穿衣服、叠被子等生活技能(图6-3)。

综上所述，自闭症儿童在动作发展方面存在障碍，包括协调性、大肌肉、小肌肉等动作的发展，都存在显著的障碍，并且影响着自闭症儿童的学习和生活。对此，教师应该采取有针对性的教育支持策略和教育支持活动。

第三节　自闭症儿童动作发展的评估

自闭症儿童动作发展的评估主要是借助客观的环境与学习资源，自闭症儿童能够在真实的学习环境中，自然性地表现一些肢体动作，而教师则根据自闭症儿童的表现进行客观的记录，客观地考量自闭症儿童动作发展的水平与能力，并提出具体的教育建议。

一、自闭症儿童动作发展领域的评估工具

有关自闭症儿童心理发展水平的评估量表，包括《心理教育评估量表》《自闭症儿童发展评估表》《自闭症行为评估量表》(ABC)、《儿童自闭症评定量表》(CARS)、《韦氏学前儿童智力量表》《克氏行为量表》《儿童适应行为量表》等。

《心理教育评定量表》中，动作发展领域评估项目共138项。粗大动作领域评估项目72项，精细动作领域评估项目66项。主要评估自闭症儿童坐姿、站姿以及爬、坐、行走等动作的平衡性、协调性以及自闭症儿童摆弄物品、基本操作能力、双手配合、手眼协调等使用工具的能力。

二、自闭症儿童动作发展领域的评估项目与内容举例

本章节结合不同的评估工具，对自闭症儿童动作发展领域的评估操作过程进行了简要的汇总(表6-1)。

表6-1　评估项目与评估内容举例

评 估 项 目	评 估 内 容
坐姿双手离地，转动躯干	教师将玩具放在儿童身后，说"转过来拿玩具"。左右各一次
单脚站5秒	教师示范单脚站，另一腿屈膝，双手叉腰。对儿童说："两手叉腰，像我这样一只脚站。"观察儿童动作表现

评 估 项 目	评 估 内 容
脚尖站 8 秒	教师示范脚尖站,同时双手举过头保持 3 秒。然后对幼儿说:"把两手举过头,然后像我这样脚尖站。"并计时
爬上楼梯	儿童坐在楼梯下,面对楼梯。教师将玩具放在第三阶上,对儿童说:"去拿玩具。"必要时在儿童接近后将玩具移到上一层。做好准备在儿童失去平衡后及时抓住儿童,避免危险。如儿童站起身拿玩具,可示范其爬上楼梯的动作
臀部移动	儿童坐在地面,教师坐在他身旁,示范用双手驱动,臀部向前移行,拿放置在前方地上的玩具。然后对儿童说:"像我一样去拿玩具。"
扶物上楼梯	儿童面对一段楼梯站好,靠近栏杆或墙。教师将玩具放在第六阶台阶上,教师站在儿童背后,说:"上去拿玩具。"
手扶弹跳	教师弯腰或蹲下,扶儿童面朝自己站立。让儿童握住食指,食指高度与儿童肩部持平。上下移动手 2 次,鼓励儿童跳
连续侧滑步 3 m	教师站在一条线的一边,然后用侧滑步至另一条线。侧滑步的过程中双脚中间离地。教师为儿童示范后,示意儿童模仿。说:"像我刚才那样滑步,由这条线滑步到那条线。"
双手接自 1.5 m 远处地上弹回来的球	教师与儿童面对面站,相距 1.8 m。教师把球投向地上回弹到儿童面前,对儿童说:"注意接地上弹向你的球。"
跑向球,踢固定球	教师先示范跑向球把球踢到墙壁,然后把球放在距离墙 1.5 m 远处,对儿童说:"像我一样跑到球那里,把球踢到墙壁上。"
左右手轮流向上拍球 4 次	教师先示范左右手轮流向上拍气球 4 次,然后对儿童说:"像我这样向上拍球,连续 4 次。"

教师或者家长可以根据实际情况以及自闭症儿童的实际能力,有所侧重地进行评估,也可以选择适当的项目进行评估,还可以自己设定相关游戏内容进行评估。评估过程中,需要结合具体情况灵活应对,更需要采取多种方法相互结合。

三、注意事项

自闭症儿童动作发展的评估应注意以下几方面:

(1) 注意避免由于动作评估而导致的二次伤害;

(2) 将动作评估与游戏活动进行结合,注重评估过程中的生活化和游戏性;

(3) 注重结合生活环境进行评估,包括楼梯、马路、行人通道等;

(4) 结合多种评估方法进行评估,保证评估结果的科学性。

第四节　自闭症儿童动作发展的教育支持策略

自闭症儿童动作发展的教育支持,主要是最大限度地改善和提高自闭症儿童的动作发展水平,最大限度地降低障碍和损伤程度,以利自闭症儿童更好地学习和生活。

一、充分利用生活环境

动作发展方面的教育支持有别于其他方面的教育活动,无特殊情况,就不需要特殊的辅具和设备。因此,针对动作发展的教育支持可以充分利用生活环境。生活环境包括居家的楼梯、房间内自创的障碍通道、马路以及街道、小区内的健身环境等。这些资源都源于生活,而且有利于充分锻炼自闭症儿童的动作能力,只是需要教师或者家长能够及时发现和利用这些教育资源。

我带着小光(化名)在楼梯间的楼梯上练习上下楼梯。刚开始,小光拒绝参与,而且会逃避。于是,我扶着小光的手臂,让小光自己锻炼上下楼梯,偶尔会鼓励小光。一段时间以后,我再让小光自己独立上下楼梯,任凭小光手扶扶手,或者用爬的方式上下楼梯,我都不会约束小光上下楼梯的动作。只要小光能够练习或者独立完成,我都会鼓励小光。

教学片段展示的教学过程,就是教师利用民居内的楼梯道作为训练场所,增强了学习的生活化。最为重要的是,生活中的教育资源摆脱了传统教育设施的束缚,具有寓教于乐的作用,便于使用和参与,教育效果也较为明显。因此,生活中的教育环境不可小视,应该作为自闭症儿童动作发展的教育支持资源。

二、合理选择教育资源

虽然教师能够充分利用教育资源,但是在选择教育资源的时候,要注意教育资源的有效性以及循序渐进,合理控制教育资源的提供,保证教育资源的有效性和科学性。

上集体课的时候,我不会要求所有的自闭症儿童都完成同样的学习任务。今天学习爬滑板的游戏,游戏过程中我会要求能力好的自闭症儿童完成整个活动,包括从高处滑下,然后抱着滑板回到起点。我也会邀请能力低的儿童仅仅是从高处滑下就可以了。对于患有心脏病的小光(化名)而言,我只需要小光将远处的滑板放到滑道上,推动其他自闭症儿童从高处滑下就可以了。对于每位自闭症儿童而言,都参与了学习活动,只是参与的强度不同而已。

动作方面的学习,不同于其他内容的学习。动作学习,对于儿童自身的素质和能力有一定要求。同时,如果使用不当,也会给儿童带来一些负面影响。因此,选择教育资源的前提是需要结合医生的诊断结果与教师的评估结果。诊断是回答"是不是"的问题,评估是回答"什么程度"的问题。所以,教师在选择教育资源时要考虑自闭症儿童的实际需求和实际能力,切勿"覆盖式"的教育支持。不良的教育资源或者过度的提供,容易导致自闭症儿童出现二次伤害,甚至出现继发性的障碍,加重障碍的严重程度。

三、详细记录教育支持的过程

教师要做好跟踪记录,针对自闭症儿童在实际学习过程中所产生的反应和训练效果,要进行科学合理的记录,以保证后期的检验,以及后期对教育效果的跟踪,更加方便进行转介和其他教师进行查询。所以,详细记录也是教育支持过程中不可缺少的一个重要环节(表6-2)。

表6-2　跟踪记录表

姓名:		性别:		年龄:		日期:	
领　域	项　目	第一阶段计划		第二阶段计划		第三阶段计划	
		程　度	时　间	程　度	时　间	程　度	时　间
小　结							

四、注意强化物的使用

强化物包括了社会性强化和自然性强化两种。日常教育支持过程中,要注意多使用社会性强化,避免由于自然性强化所导致的负面效果。实际的教育过程中,每次的强化要把握时机,切记"覆盖式"强化,例如:在教育支持的过程中,如果自闭症儿童做得很好,教师可以适当强化;在教育活动结束以后,教师可以使用社会性强化和自然性强化相结合的方式。强化物的使用是一个较为科学和漫长的过程,需要教师经过缜密的思考,并做好实际的跟踪记录。

今天下课以后,我拥抱小光(化名),与小光双手击掌作为奖励。有时,我也会选择小光感兴趣的游戏活动作为奖励,小光非常喜欢玩大陀螺,尤其是旋转起来的时候,小光会很开心,有时都不愿意下课,兴奋的时候还会表现一些言语现象。有一次,我和小光玩大陀螺的游戏,小光开心地大笑,还会偶尔说一句"快点"。对于小光的表现,我会马上给予配合,并且惊讶地看着小光,对小光说:"哇,你好棒啊!"

教学片段所展示的内容,表明教师主要利用社会性强化物和自然性强化物。社会性强化物主要体现在下课以后,教师与小光之间的互动和鼓励;自然性强化物,虽然不是具体的食物,但是教师巧妙地利用玩具的强化作用,激发小光学习的主动性和积极性。

五、增进同伴支持

同伴的有效支持,也可以达到事半功倍的效果。对于教师而言,教育支持的过程中,教师要充分调动同伴的参与,尤其是常态儿童的参与。同伴的有效参与,可以带动自闭症儿童做出大量的运动,也可以带动其他心理活动的参与,包括思维、想象、语言、注意等心理活动。教育支持的过程中,需要教师的引导,也需要同伴的陪伴和支持,同伴对于自闭症儿童的辅助和激励要远远超过强化物的刺激。同时,也有助于自闭症儿童更好地参与社会活动。

今天机构安排了常态儿童与自闭症儿童一起上课。上课的过程中,常态儿童主要是扮演"小先生"的角色,让常态儿童辅助自闭症儿童进行游戏或者学习,包括收拾玩具、参与扮演性游戏、绘画等。小光(化名)很喜欢其中的一位小朋友,每次小光和这位小朋友一起玩的时候,都会很认真地看着对方的眼睛,而且还不时地发笑。这位小朋友也会辅助小光玩一些游戏,当小光要离开座位的时候,这位小朋友都会把小光拉回座位。

同伴支持有助于提高自闭症儿童的社会性行为,改善自闭症儿童的问题行为。同时,同伴不仅仅是常态儿童,高功能的自闭症儿童或者能力较好的特殊需要儿童,都可以作为自闭症儿童参与学习活动的同伴。

综上所述,自闭症儿童动作发展的教育支持策略需要结合具体的诊断报告与评估结果,在教师的细心指导下,有效地调节教育资源,合理地提供教育支持,以保证教育资源的有效性和科学性。

第五节　自闭症儿童动作发展的教育支持活动

根据自闭症儿童动作发展的表现与特点,结合自闭症儿童动作发展的教育支持策略,可以提供以下教育支持活动。每个教育支持活动都有局限性,教师可以结合具体的案例情况,采取有针对性的教育支持活动,或者结合案例情况对教育支持活动做适当调整。

活动一：跳　数　字

【活动内容】

活动准备：1～10 或者 1～20 的不粘胶卡片。

适应年龄：3～5 岁。

活动要求：教师用剪刀剪出大的数字 1～10 或者 1～20 圆形的不粘胶,再贴到地板上,让自闭症儿童从一个数字跨到另一个数字上,以跨到圆形内为胜。如果自闭症儿童不懂得数字,可以贴不同颜色的数字,然后让自闭症儿童按颜色选择。

活动总结：

1. 活动过程中如果自闭症儿童跳跃技巧不成熟,需要教师在开始时握着自闭症儿童的双手辅助儿童跳跃。

2. 如果自闭症儿童不懂得或者不遵守游戏规则,教师要随时给予身体或口头的辅助,充分保证自闭症儿童参与活动的频次和程度。

【专家建议】

如果自闭症儿童的动作能力和认知能力较好,教师也可以尝试用方格或者其他形式替代,让自闭症儿童练习跳跃。同时,在练习跳跃过程中,教师要注意跳跃中的安全性,保证自闭症儿童的身体不要出现拉伤或者损伤。另一方面,教师在实际的引导过程中,可以介入一些认知学习,例如：大小、颜色、数字、形状等。

融合班级中对于自闭症儿童在参与集体活动的过程中,教师要保证自闭症儿童的安全和参与度,保证自闭症儿童基本的学习权利,能够让自闭症儿童在学习过程中获得体验。最为重要的是,教师要

自闭症儿童心理发展与教育

处理好个训与集体训练之间的关系。

活动二：跳　　跃

【活动内容】

活动准备：数个小号的呼啦圈。

适应年龄：3～5岁。

活动要求：教师在地面上摆放数个小号的呼啦圈,要求自闭症儿童以双脚跳或者单脚跳的方式跳过所有的呼啦圈。教师可以根据自闭症儿童的能力,适当调整呼啦圈之间的距离。

活动总结：开始时教师可以站在自闭症儿童前方,等待自闭症儿童双脚落地时稍微扶自闭症儿童一下,帮助自闭症儿童保持身体平衡,以保证自闭症儿童在学习过程中的安全性。

【专家建议】

自闭症儿童在参与活动的过程中,教师要保证儿童是否具有单脚跳跃或者双脚跳跃的能力,如果自闭症儿童不具备这种能力或者肌肉发育得不好,教师要降低跳跃的难度。同时,在跳跃过程中,教师也可以增加认知方面的学习。

融合班级中,教师要注意自闭症儿童参与的积极性以及参与活动的程度,避免活动流于形式。同时,常态儿童要做好辅助和协助的准备,支持自闭症儿童参与活动。适当的时候,教师可以组织有竞技性的活动,激发自闭症儿童参与的积极性。

活动三：照镜子游戏

【活动内容】

活动准备：一面大镜子。

适应年龄：4～5岁。

活动要求：教师和自闭症儿童并排站在大镜子前面,教师做一个动作,让自闭症儿童模仿。动作以点头、双手在身体的上下、左右、前后拍手,左右、前后移动身体以及转身等动作为主。开始时,教师的动作要做得慢一些,并且多次重复动作。

活动总结：活动过程中,教师要边做边说动作的方位,自闭症儿童无法跟上时教师要使用动作指导。教师逐渐撤销提示,并且加快动作的速度。这样就要求自闭症儿童具有一定的理解能力,同时也有助于培养自闭症儿童的模仿能力和反应水平。

【专家建议】

教师可以尝试用哈哈镜,哈哈镜的特点是能够将学习活动娱乐化。虽然在镜中呈现的人物已经

90

变形,但是教学的主要目的就是能够让自闭症儿童有所参与或者有所接受。除此以外,教师在教学过程中,不要过度强调让自闭症儿童在镜子中指出人的五官,或者过度地传授概念,过度地强制容易导致自闭症儿童出现厌倦心理。

融合班级中,教师要注意调动常态儿童的积极性,通过常态儿童的互动和交流,带动学习氛围,让自闭症儿童也能调动情绪,引导自闭症儿童更加积极地参与学习活动。

活动四：平衡台互相扶持

【活动内容】

活动准备：两个平衡台。

适应年龄：4～6岁。

活动要求：教师和自闭症儿童共同站上平衡台,两人双手紧握,互相保持平衡。由于站姿使重力感不稳定,两人配合的动作对相互合作关系的建立有一定的帮助作用。摇晃时可以先练习由教师带动自闭症儿童,然后再由自闭症儿童带动教师。学习过程中,摇晃的速度要适中,不要过快。

活动总结：

1. 活动过程中教师可以用夸张的身体晃动动作来带动自闭症儿童,充分调动自闭症儿童的兴趣,但速度不要过快。

2. 学习过程中教师要经常鼓励自闭症儿童,配合教师晃动的速度来调节自己的身体平衡。

【专家建议】

教师在实施教学活动的过程中,要充分考虑自闭症儿童的情绪,如果自闭症儿童抗拒或者害怕,教师要循序渐进地进行。可以先尝试两人都坐在平衡板上,然后再让儿童独立坐着,最后再让儿童学习站立。总之,教学过程需要循序渐进。

融合班级中,教师要组织好纪律,避免自闭症儿童和常态儿童之间的混乱,导致危险的发生,不利于教学活动的开展。同时,教师要做好分组,尽量让常态儿童带动自闭症儿童参与学习活动。

活动五：俯卧大龙球抓东西

【活动内容】

活动准备：大龙球、玩具汽车或娃娃。

适应年龄：4～6岁。

活动要求：教师协助自闭症儿童俯卧在大龙球上,保持身体平衡姿势。教师把自闭症儿童喜欢的一个玩具放在大龙球前面,当大龙球滚动时,自闭症儿童要伸出双手能够触碰到玩具,必要时可以使用会发声的玩具,以此帮助自闭症儿童分辨玩具所在的方位。刚开始时,玩具可以放得近一点,然后再慢慢将玩具放置得稍微远一点。

活动总结：

1. 活动中教师要始终保持身体协助，避免发生危险。

2. 如果自闭症儿童不懂得或者不能遵守游戏规则，教师可以使用口头提示或指导。

【专家建议】

活动的实施过程中，教师要考虑自闭症儿童的情绪变化。对于实际的教学过程中，教师可以尝试用其他物品分散自闭症儿童的注意力，或者循序渐进地开展活动，避免自闭症儿童出现恐惧或者害怕而无法参与学习活动。循序渐进的过程中，可以先让自闭症儿童趴在地上，大龙球在自闭症儿童的背上滚动，然后可以让自闭症儿童坐在大龙球之上，最后才是让自闭症儿童站立或者俯卧大龙球。

融合班级中，教师要做好个别化训练的准备，让自闭症儿童和其他儿童排好队，每次只可以一名儿童进行练习，然后循环往复，不断重复。目的是让每个儿童都有参与的机会，锻炼儿童的规则意识以及保证儿童的安全性。

总之，自闭症儿童的动作习得过程，还需要自然化和生活化的游戏形式，进行适当的锻炼和学习，从而将学习内容生活化、学习形式自然化，更好地激发自闭症儿童参与学习活动的主动性，也更好地提高自闭症儿童的动作发展水平。

【本章小结】

本章节主要探讨了自闭症儿童动作的发展与教育支持，包括动作与动作障碍的相关概念，自闭症儿童动作发展的表现、特点以及评估，教育支持策略，教育支持活动。通过对概念的解读，进一步结合自闭症儿童动作发展的表现和特点，提供有针对性的教育支持策略和教育支持活动。但是，对于自闭症儿童动作发展的教育支持，还需要结合具体情况，灵活应对，结合多种方式、方法，保证教育支持的有效性，不应局限于个别策略或者个别活动。

案例思考

朱丽叶是一名母亲，自己无稳定职业，每天上网购物打发时间。家里的生活条件很好，相对较为优越。朱丽叶有一个5岁的宝宝，取名为泰山。泰山很结实，而且很喜欢笑。但是，泰山走起路来总是摔倒，不会自己穿鞋子，不能快速地跑动。泰山的家人很着急，于是带着泰山来到医院问诊。医生询问了有关泰山的所有情况，包括出生情况、家族病史、是否有药物重度现象、家庭里的生活情况。医生注意到一个细节，就是泰山的父母都很忙，只有保姆照看泰山。但是，保姆却没有尽到责任。

医生：你的宝宝每天和谁在一起呢？

朱丽叶：宝宝每天和保姆在一起，由保姆照看。

医生：那保姆每天怎么照看小朋友呢？

朱丽叶：保姆把泰山放在婴儿车里，因为泰山总是闹，保姆担心泰山受伤。如果放在婴儿车里，保姆就可以做家务，而且泰山不会受到伤害。

医生：您的宝宝经常在婴儿车里吗？

朱丽叶：是的，这样的时间比较长，我自己也觉得这样做没有什么不妥之处。

医生：您的宝宝正是因为长期放在了婴儿车里，所以才会导致现在的问题。宝宝不会独立行走，而且行走过程中存在障碍。

经过一番询问，医生终于找到了问题的原因所在。对于朱丽叶而言，保姆可以代替她做一位母亲；对于保姆而言，只要泰山不发生危险就是最大的胜利；对于泰山而言，自己的一切都限制在婴儿车里，失去了机能发育的最宝贵的时间，机体无法得到有效的锻炼。

思考题

1. 为什么说泰山失去了最重要的"宝贵"时间呢？

2. 动作发展迟缓，可能会带来哪些继发性伤害呢？

3. 你认为对于泰山而言，最有效的干预方式是什么呢？

4. 请你为泰山的动作训练制订一份计划。

第七章　自闭症儿童的语言发展与教育

自闭症儿童心理发展与教育

▶本章微课　PPT 教学课件

第一节　语言与语言障碍

语言作为人理解、认识和建构世界的工具,承担着为人类解读经验、赋予经验以意义并最终使经验获得言词表达的心理工具的功能,它是人认知世界和表述世界的方式与过程,不仅具有交际工具性,更具有认知工具性。但是,如果语言发展出现了问题,就会影响人认知世界和表述世界的结果。因此,语言的发展对于个体而言具有重要的意义。然而,有关对语言的解释却众说纷纭。

一、语言的界定

从语言学的角度而言,语言是由词汇按一定的语法构成的复杂的符号系统,它包括语音系统、词汇系统,例如:汉语、英语、法语等(中共中央马克思恩格斯列宁斯大林著作编译局,1972)。语言是人类特有的交际工具、思维工具,也是人类特有的一种信息工具。语言结构本身是个音义结合的符号系统(王今铮、王钢、孙廷璋等，1985)。语言是作为人类交际工具的音义结合的符号系统(戚雨村、董达武、许以理等，1993)。

从心理学的角度而言，语言是社会历史发展过程中所构成的表达心理的符号系统(陈述祖、沈德立，2008)。语言是人所特有的心理现象，也是人类最重要的交际工具(黄希庭、郑涌，2014)。语言是一个复杂的系统，具有层次结构，从简单到复杂依次有语音、字词、句子和意义等不同层次(刘儒德、桑标、路海东等，2008)。语言是人类认知系统的一部分，而认知系统由感知、情感、范畴化、抽象化以及推理等组成(尚新，2003)。

从语言学的角度而言，语言是一个工具，是一个经过组织和设计以后的系统，主要目的适用于交流和沟通。从心理学的角度而言，语言被视作一个系统，而且是经过人的认知加工以后的符号系统。结合不同学者的观点，本章节中将语言界定为以语音为物质外壳，由词汇和语法构成并能表达人类思想的符号系统。

二、语言障碍的界定

有关语言障碍的界定，有学者称其为言语障碍，也有学者称其为语言障碍，甚至有学者称其为沟通障碍。本章节中，只将其称为语言障碍。语言障碍的突出表现就是不会使用语言工具或者出现发音异常。正所谓儿童是开放的自然存在(姚伟，2005)，儿童学习语言的基础是通过模仿成人的发音，但是通过模仿学习儿童并未真正掌握发音，而是通过后天的练习才真正掌握发音。语言障碍往往发生在学前儿童，可能是心理原因、生理原因或环境原因所致，随着年龄的增长并不会自行消失，而成为永久性的或更为复杂的语言障碍。

19世纪初期维尔纽斯大学弗兰克(Franko)教授在欧洲学术研讨会上以案例的形式首次将语言障碍作为一种独立的障碍类型向大会进行了汇报，并于1827年再次阐述了其搜集的各种发音障碍的类型。此后不久，19世纪30年代瑞典医生舒尔特(Schulthess)指出将语言障碍分为两种类型，即语义缺陷和发音缺陷。同时认为语言障碍的干预效果主要取决于儿童生理发育损失的程度。1879年库斯莫尔(Kussmaul)指出，语言障碍主要取决于发音器官的成熟与否，并且将语言障碍区分为先天性和后天性两类，由于教育方法不当或训练不足，导致发音器官受损而出现的语言障碍属于后天性问题。根据库斯莫尔(Kussmaul)的观点，后天性问题也可能是器质性问题，也是语言障碍的核心问题之一。支持此观点的学者包括贝尔卡(Berkana)、博里什鲍尔斯科(Borishpolskogo)等人。

波兰学者搜集了一些不同的观点，认为语言障碍不是由发音器官成熟与否决定的。他提出了两种语言障碍的类型：功能性语言障碍和听力障碍，并指出语言障碍主要取决于生理机能的病理变化，并且提出语言障碍的矫治必须围绕舌、唇、齿、颚四个方面进行。19世纪80年代奥斯特(Koeн)将语言障碍分为刻板性言语障碍和功能性语言障碍，同时指出教育方法不当或模仿成人的言语都可能导致语言障碍。

总之，有关语言障碍的界定大致可以包括两个方面。一方面，从个体的差异性角度进行界定。

1977年美国言语语言听力学会将语言障碍界定为：个体在语言系统的知识上未能与预期的常模相称的情形，特别是一个儿童在语言的运用技巧上有缺陷，未能达到同龄儿童的预期水平时，就称其为有语言上的缺陷。这类个体往往在词汇、语句、语法的理解和运用等方面存在明显错误（昝飞、马红英，2005；李慧，2012）。

语言障碍是指个体在运用语言的过程中所表现出的语言和知识系统达不到他的年龄应该达到的标准的状况，即个体在理解和运用语言符号以及规则方面的发展问题，或者个体语言能力的发展明显落后于同龄伙伴的水平（方俊明、雷江华，2015）。

另一方面，从语言自身的内涵角度而言，语言障碍是指说不同语言的人交际时的困难。解决这一问题的方法是增加和改进语言教学，以及提供更多更好的翻译（胡向阳、李兴启、蒋涛，2011）。

语言是音义结合的词汇和语法体系，使用语言首先要遵守语言本身的规律。语言障碍就是对语言规律的违背。过去常说的"语病"，就是违背语音、语义、词义、语法的规范，例如：语法上的语病有词类误用、搭配不当、成分残缺、语序颠倒等（孙汝建，2002）。

语言障碍是指儿童语言理解能力差，或者无法用母语来表达个人观念者，这一类儿童就是语言障碍（叶重新，2011）。

语言障碍是指语言的理解和表达以及交流过程的障碍，例如：言语发育延迟、语言发育障碍和失语症等（郑晓边、郑萱，2013）。

综上所述，无论从个体差异的角度还是从语言内涵的角度而言，不同学者或机构的观点，都是围绕语言的使用过程中，由于语音、语义、语法、语用方面存在的问题而进行的界定。而有关语言障碍的界定，有别于言语障碍、沟通障碍。本章节在总结不同学者的观点的基础上，提出语言障碍是指个体所掌握的语言学知识系统与其年龄不相符，落后于同龄的正常人，属于在语言符号系统的理解和使用上的异常（张文京，2010）。本章节所指的语言学知识主要指母语，不包含第二外语，例如：小明是中国人，汉语掌握得很好，但是第二外语掌握得较差，则小明就不属于本章节所界定的语言障碍范畴。

第二节　自闭症儿童语言的发展

语言是人类独有的复杂的认知心理活动，是人类最重要的认知功能之一。人类大脑每天加工处理大量的信息，其中最重要和最大量的是语言符号信息。语言符号信息在脑内的加工过程，从对最初的语言符号感知辨识、理解感受到言语表达，都和其他心理过程有着不可分割的联系（张全明，2001）。因此，语言的发展对于儿童的心理发展起着重要作用。同时，如果语言发展出现迟缓，也会影响其他心理活动的表现。

一、自闭症儿童语言发展的表现

自闭症儿童语言发展的表现，主要可以从以下几个方面展开。

（一）语音方面

自闭症儿童中有一部分儿童一般较为安静、默不作声，从不使用有声语言进行交际，一直处于无语言状态，或者发出尖叫声、哭闹或者别人听不懂的不属于本族语言中的声音。这类儿童有时会被判断为听力障碍或者失语症。另一方面，自闭症儿童的语音发展的时间较晚，一般很迟才开口说话，而且在掌握语音因素、音节的数量上也比同龄儿童少。能够发出的几个音节，也会出现替代、歪曲、遗漏和添加的问题，例如：将"面"念成了"an"，将"师"念成"si"。

即使自闭症儿童能够发音，可以说句子、背诵整首诗歌，但是他们说话时有如木偶一般，十分机械，缺乏语音的音调、节奏、抑扬顿挫的变化，不能像普通人那样通过语调的变化，轻重音的改变以及其他的非语言的沟通方式来表达自己的需求。

（二）语义方面

自闭症儿童存在对外部世界的感知障碍。因此，自闭症儿童一般不能利用语义关系来理解语言。所以，自闭症儿童在社交场合，有时会积极表达，语法关系与发音也正确，但是自闭症儿童所讲的内容与当时的环境可能完全不符。

吃晚饭的时候，钟华会突然说出"杰瑞家有变形金刚，明天卖掉"。妈妈会对钟华说："钟华安静，吃饭的时候不能乱讲话。"钟华则会一脸的兴奋，开心地说："大宝天天见。"

诸如此类的现象，在生活中频繁出现。甚至有时，自闭症儿童会出现鹦鹉学舌的现象，表现为教师或者家长教给自闭症儿童一句话或者一个词汇，自闭症儿童会按照教师和家长的发音，重复一次。

教师说："把水杯给我。"钟华听到以后随即答道："把水杯给我。"教师说："我让你把水杯给我。"钟华听到后重复道："让你把水杯给我。"

自闭症儿童在生活中还可能出现延迟模仿的现象。就是指自闭症儿童在学习情境下没有表现出教师预期的行为，但是过了几天甚至更久，在其他场景下自闭症儿童可能会表现出当时教师所教授的发音。

（三）语法方面

自闭症儿童在语法方面主要表现了较为明显的"电报句"特点，缺乏句法功能，经常省略词汇造成语法错误，导致别人无法清楚理解他们的言语；人称代词的学习方面存在困难，特别是"你、我、他"人称代词的转换有困难；较少使用关联词，经常使用简单句表达意图，对于较复杂的句式理解方面存在困难；自闭症儿童较多使用陈述句，较少使用感叹句或者疑问句。

（四）语用方面

自闭症儿童在实际的交流活动中，表现为缺乏交流动机，无法主动引起话题，或者很少自发性地与人沟通交流；交流过程中，更加无法进行交替性的互动，不懂得轮换交流；交流的过程中，语调呆板，缺少抑扬顿挫的变化，更加缺乏在具体情境进行有效交际的能力。

总之，自闭症儿童的语言发展水平较差，与同年龄儿童相比而言，在语音、语义、语法、语用等方面都存在障碍，而且严重影响自闭症儿童与外界的交流与合作。

二、自闭症儿童语言发展的特点

根据以往相关研究可以发现，自闭症儿童在语言发展方面存在障碍，严重影响自闭症儿童的生活和学习。具体而言，主要表现出如下几个特点。

（一）语言发展迟缓

自闭症儿童的语言发展迟缓，表现为大约30％～50％的自闭症无法以口语作为沟通方式，而是以哭喊、手势或者肢体动作作为表达需求的工具和途径（王淑荣、邢同渊，2014）。如果其他人无法理解自闭症儿童的需要时，自闭症儿童就会有情绪与行为问题（图7-1）。

图7-1　我的娃娃倒了

（二）语言形式异常

自闭症儿童经常采取鹦鹉学舌或者电报句的方式与人沟通，例如：有人问你叫什么名字，此时自闭症儿童会重复道"你叫什么名字"。除此以外，自闭症儿童还会出现因素的替代、歪曲、遗漏和添加的现象，在音调和音量方面也存在问题，语流不顺畅或者高低音分不清楚；甚至自闭症儿童也会表现出自创的特异性语言，导致与其进行交流的对象无法识别或者无法理解自闭症儿童的意图（图 7-2）。

图 7-2　鹦鹉学舌

（三）缺乏有效的交流

交流过程中，自闭症儿童语音、语调、韵律比较单调、无抑扬顿挫或者出现高声尖叫；无法主动发起交流或者有效理解和运用语言；无法进行正常的社会性交流，无法进行回应或者进行正确的评论；无法维持对话的有效进行（图 7-3）。

总之，自闭症儿童的语言发展水平与同年龄儿童相比有较大差异，主要表现为发育迟缓、表现异常、无法交流三个方面的特点。教师需要结合自闭症儿童语言发展的表现和特点，提供有针对性的教育支持。

图 7-3　答非所问

第三节　自闭症儿童语言发展的评估

自闭症儿童语言发展的评估,主要是结合语音、语义、语法、语用等方面对自闭症儿童的语言发展水平进行客观的考量。但是,由于语言发展与理解能力、思维能力、想象能力等认知能力的发展有关系,而自闭症儿童的理解能力、思维能力、想象能力等多个认知能力的发展水平较低,直接影响自闭症儿童语言能力的发展水平。

一、自闭症儿童语言发展领域的评估工具

有关自闭症儿童心理发展水平的评估量表,包括《心理教育评定量表》《自闭症儿童发展评估表》《自闭症行为评估量表》(ABC)、《儿童自闭症评定量表》(CARS)、《韦氏学前儿童智力量表》《克氏行为量表》《儿童适应行为量表》等。

《心理教育评定量表》中,语言发展领域评估项目共 79 项。分为语言与沟通前能力、语言模仿、语言理解和表达四部分,主要评估自闭症儿童非语言沟通能力、分辨声音、名称指令、动作指令、模仿叠音词、理解事物关系、表达要求与回答问题、主动提问等。

二、自闭症儿童语言发展领域的评估项目与内容举例

本章节结合不同的评估工具,对自闭症儿童语言发展领域的评估操作过程进行了简要的汇总(表7-1)。

表7-1　评估项目与评估内容举例

评 估 项 目	评 估 内 容
目光接触	教师让儿童的照顾者看着儿童的目光,观察儿童的反应
手部动作	教师面对着儿童微笑,并将手伸向儿童,但不要碰触到儿童的身体,观察儿童的反应
分辨人的声音与其他声音	教师发出声音和"哈哈、哈哈",观察儿童的反应;教师操作玩具熊,使其发出声音,然后观察儿童的反应
舌头的运动	教师将蜂蜜涂抹在儿童的嘴角处,观察儿童的反应
模仿单韵母 a、i、u	教师拿起"a"的卡片对着儿童发"a",观察儿童的反应。如果儿童发"a",则再依次测试儿童对"i"和"u"的模仿。教师测试一次后,如果没有反应,可以重复一次
模仿声母 b、p、m	教师拿起"b"的卡片对着儿童发"b",观察儿童的反应。如果儿童发"b",则再依次测试儿童对"p"和"m"的模仿。教师测试一次后,如果没有反应,可以重复一次
模仿爸爸、妈妈	教师让儿童看着自己的口型变化,并说"妈妈",观察儿童的反应。如果儿童说出"妈妈"或"妈",则继续进行测试,如"爸爸",观察儿童的反应,测试中第一次儿童没有反应,可以重复测试一次
模仿"猫""狗""鸭""鹅"的发音	教师将"猫"的图片给儿童看,然后让儿童看着自己的口型变化,并说"猫",观察其反应。如果儿童及时模仿,再测试儿童对"狗""鸭""鹅"的模仿。如果儿童不能即时模仿,需要教师重复测试一次
模仿"跑""爬""打"的发音	教师将"跑"的图片给儿童看,然后让儿童看着自己的口型变化,并说"跑",观察其反应。如果儿童及时模仿,再测试儿童对"爬""打"的模仿。如果儿童不能即时模仿,需要教师重复测试一次
理解所属关系	教师在儿童照顾者的配合下,设计情境。教师将儿童照顾者的包拿在手上对儿童说:"这个包是我的。"观察儿童的反应,然后再将测试用的本子拿在手里对儿童说:"这本子是我的。"观察儿童的反应
表达"长、短"	教师拿出两支铅笔向儿童展示,并说:"你看看,这两支铅笔,哪支长?"或"这两支铅笔,哪支短?"一边说一边让儿童仔细观察图片,诱发儿童说出来,观察其反应
表达"相同"与"不同"	教师拿出事先准备好的两支相同的铅笔,问儿童:"这两个东西相同吗?" 教师拿出事先准备好的一支铅笔和一块奶糖,问儿童:"这两个东西相同吗?"

教师或者父母可以根据实际情况以及自闭症儿童的实际能力,有所侧重地进行评估,也可以选择适当的项目进行评估,还可以自己设定相关游戏内容进行评估。评估过程中,需要结合具体情况灵活应对,更需要采取多种方法的相互结合。

三、注意事项

自闭症儿童语言发展的评估应注意以下几方面:

(1) 教师提出的问题要与自闭症儿童的能力相适应;

(2) 教师可以借助其他相关工具,引导自闭症儿童参与评估过程;

(3) 借助游戏的方式进行评估,通过游戏过程反应自闭症儿童的语言能力;

(4) 结合观察、访谈等评估方式,综合评价评估结果。

第四节　自闭症儿童语言发展的教育支持策略

自闭症儿童的语言发展障碍与其他语言障碍儿童是有区别的。自闭症儿童的语言障碍,主要问题不是不能说,而是不会说。但是,绝非心理障碍,而是由于脑功能障碍,导致自闭症儿童对语言信息的编码出现问题,从而引发语言障碍。所以,对于自闭症儿童的语言发展方面的教育支持,主要目的还是期望能够激发脑功能,激发自闭症儿童的动机,引导自闭症儿童的主动性言语。

一、反复地增加语言刺激

儿童学习语言的过程,是不可以孤立进行的,需要在特定的条件下发展儿童与成人、同龄儿童之间的交往和互动关系,引导儿童有规律地与客体进行交往和相互影响,在活动中帮助儿童形成对客观对象的认识并产生个人的选择性(Сарафанова,2004)。

为了激发自闭症儿童的主动性言语,我们必须依据儿童兴趣,创造特殊的环境,不断地在游戏或学习中激发儿童发声和语言反射,例如:当自闭症儿童的积木塔倒塌了,儿童会表现出喜悦或悲伤的面部表情,有时会伴有言语,此时教师和家长需要再现这种游戏情景,并且我们将努力"激化紧张局势"来重新创建相同的情感反应,激发儿童言语反应的反复性。如果儿童的言语和表情没有重复出现,这时我们将反复尝试用夸张的言语和表情吸引儿童的注意力,加强与儿童的互动性,增强儿童对语言的反应和重复。

学习过程中,我并没有强迫杰瑞(化名)发音,而是借助情境反复提供语言刺激,引导杰瑞发音,例如：要再见了，我就引导杰瑞说"拜拜"；我要背起杰瑞时，我就蹲下来引导杰瑞说"背"。适当时候，我还引导杰瑞说"老师"。刚开始效果较好，但杰瑞的言语表述不够持续，偶尔会表述，偶尔则没有回应。如果强迫要求杰瑞回应，杰瑞就会拒绝参与活动。

教学片段中所表述的案例教学过程中，教师在每次进行语言交流时，都提供语言刺激或者情境刺激。目的是更好地体现语言的内容和所要表述的语言意义。从自闭症儿童的角度而言，反复的语言刺激更加有助于自闭症儿童理解语言的意义。

二、借助诗体的韵律、节奏和悦耳的音乐

借助诗体的韵律、节奏和悦耳的音乐，教师可以促进自闭症儿童产生条件反射。当教师给自闭症儿童读很熟悉的诗歌或唱歌时，可以突然停顿激发儿童说出需要补充的词语。如果儿童不能补充，教师就自己说出来，也可以低声提示儿童，例如：模仿火车的声音说"呜—呜—呜！乘坐火车"或者出现假想性和滑稽的喊声等等，帮助自闭症儿童把声音和具体的物体相联系，引起儿童主动性的言语。在这种情况下，教师和父母可以尝试捕捉自闭症儿童的目光，激发自闭症儿童对活动的关注度。教师的言语和表情只是试图挑起自闭症儿童的兴趣，引起自闭症儿童对语言的反应。

杰瑞（化名）对自己的控制能力比较欠缺，无法长时间专注于整个游戏环节，这个也是他目前存在的问题之一。这几次在下课之前，我们学习了一首新的儿歌，我自编的一首《从前有座山》，这首儿歌最后部分是"我吃了一颗豆"。我要求杰瑞能够重复"我吃了一颗豆"这句话，然后我会真正给杰瑞吃一颗豆作为奖励。杰瑞每次都会跟着说几句，但是到最后部分要吃"豆"的时候，杰瑞配合得很好，声音比较响亮，发音很清楚。

这则教学片段中，教师充分利用了诗歌的节奏感，引导自闭症儿童学习语言，同时也使用了强化法，强化自闭症儿童的行为能够持续出现。灵活的学习形式，打破了传统的语言学习模式，让语言学习的过程更为有趣。

三、激发儿童不由自主的模仿

不由自主的模仿包括模仿教师的行为、面部表情、语音语调。不由自主的模仿有可能成为学习发音和口语的先决条件。通过模仿很容易引发自闭症儿童愉快的感观印象而导致其正确发音，例如：当我们在玩泡泡游戏时，儿童会由于兴奋而不由自主地模仿成人的笑声和叫喊声。

今天在学习的过程中，我发现杰瑞（化名）不仅对个别发音有反应，而且对于汽车玩具很感兴趣。

杰瑞会有意识地去寻找汽车,同时还会模仿教师的发音,例如:我把汽车玩具藏起来了,我一边找汽车一边发出"qi"和"di"的音,杰瑞也会不由自主地模仿我的发音。虽然杰瑞可以模仿一些发音,但是发音质量不高。

教学片段的内容,说明在游戏活动过程中,教师的引导和示范很重要,可以在不经意间引起自闭症儿童的模仿。但是,我们在进行发音的瞬间也要让自闭症儿童密切地关注我们的脸部和嘴部的变化,这个过程既需要教师的面部表情,同时还需要声音配合。通过选择适宜的语调使自闭症儿童平静地接受它,然后纠正它,最后过渡到低声耳语和用不同寻常的句子。

四、激发儿童主动性的回应

这是教师通过身体的节奏、韵律和儿童自身的运动实现的。当教师利用自闭症儿童在荡秋千时身体的协调性,在微微摇动时进行沟通。例如:"我在飞,我飞,我飞起来了!"在匀速的、有节奏的运动中偶尔停顿一下,在游戏的瞬间引导自闭症儿童把注意力集中在教师的脸上,"捕捉"教师的表情,这很可能激发其模仿教师的表情或言语。

我们一起将豆袋放在墙角处,然后我和杰瑞(化名)走到离豆袋一米远的地方,我喊出"1、2、3"以后,我们一起冲向豆袋。冲向豆袋的瞬间,杰瑞很开心,而且发出"咯咯"的笑声。连续进行了三个回合,第四个回合开始前,我只是数到"2"突然停顿,然后惊讶地看着杰瑞,杰瑞停顿了两秒钟,大声地说出"3",我们又冲向豆袋。

教学片段中的自闭症儿童,本来是不会讲话的,但是在游戏活动过程中,教师巧妙利用游戏活动,激发自闭症儿童主动性的回应,为进一步的学习语言奠定了基础。

总之,自闭症儿童的语言干预,需要凸显以人为本的原则,同时借助生活化和自然化的生活环境,为自闭症儿童提供教育支持。学习过程中,教师需要付出足够的耐心与接纳态度,以保证自闭症儿童能够快乐地学习,在愉快的氛围中自然性地发音并习得语言。

第五节 自闭症儿童语言发展的教育支持活动

根据自闭症儿童语言发展的表现和特点,以及自闭症儿童语言发展的教育支持策略,自闭症儿童语言发展的教育支持活动可以从以下几个方面展开。每个教育支持活动的内容与实施都有局限性,不能适用所有自闭症儿童。因此,实际的教学过程中,还需要因材施教。

活动一：颜 色 认 知

【活动内容】

活动准备：红黄蓝三种颜色的套圈、套棍。

适应年龄：3～5岁。

活动要求：教师与自闭症儿童互动，准备上课。教师出示玩具套圈，让自闭症儿童自己玩，教师不给予引导。5分钟之后，教师引导自闭症儿童点数套圈，并且穿插颜色认知，教师要引导自闭症儿童识别颜色，并且反复练习。练习过程中，教师说出颜色，自闭症儿童找到相应颜色的套圈放到套棍上，或者当某种颜色没有了，教师故意让自闭症儿童去找，激发自闭症儿童讲出"没有啦"。

活动总结：

1. 活动过程中，教师要把握原则，不能过度放纵自闭症儿童。注意给予自闭症儿童足够空间的同时，能够引导自闭症儿童的主动性和积极性。

2. 如果自闭症儿童无法遵守游戏规则，或者无法参与学习活动，教师可以适当降低难度，或者将自闭症儿童带离教室。

【专家建议】

活动过程中教师要给予自闭症儿童充分的时间，让自闭症儿童能够感受教具，形成感性认识并且能够操纵教具。学习过程中，教师是引导者，不必过度强调认知学习，重点是自闭症儿童能够参与游戏，并且能够产生体验。

融合班级中，教师要组织好儿童进行学习，避免常态儿童的能力较好，而影响了自闭症儿童获取相应的学习资源。常态儿童应该辅助自闭症儿童，避免学习活动流于形式。

活动二：我 认 识

【活动内容】

活动准备：西瓜、苹果、葡萄、香蕉4种水果卡片。

适应年龄：3～5岁。

活动要求：教师与自闭症儿童互动，准备上课。教师出示水果卡片（4种）。起初教师只是教其发音，而且反复练习。当学习一段时间以后，教师开始帮助自闭症儿童纠正细节。等待自闭症儿童逐渐适应教师的指令要求时，教师可以尝试出示蔬菜、交通工具、数字。教师用同样的方法教授自闭症儿童蔬菜、交通工具、数字的发音。

活动总结：

1. 活动过程中教师要给予自闭症儿童足够的学习空间，能够尽量尊重自闭症儿童自己的选择和需求。

2. 如果自闭症儿童无法遵守游戏规则，或者无法参与学习活动，教师可以适当降低难度，或者将自闭症儿童带离教室。

【专家建议】

如果自闭症儿童的理解能力较差，最好能够为自闭症儿童提供真实的水果或者真实的物品，让自闭症儿童真正感受物品并且理解物品。此后，教师可以带领自闭症儿童去市场或者超市购物，寻找学习过的水果或者物品，将学习内容生活化、自然化。学习过程中教师不能过度强调自闭症儿童的发音，避免自闭症儿童出现刻板性或者机械性的行为。

融合班级中，教师可以尝试分组学习，分组学习的人数大概每组 3～4 人左右。学习过程中，常态儿童要成为主导，协助和支持自闭症儿童进行学习，适当的时候，可以通过分享、品尝，让自闭症儿童和常态儿童共同感受水果或者物品的特点，增加自闭症儿童的感性认识。

活动三：分 一 分

【活动内容】

活动准备：汽车、飞机、火车、轮船 4 种交通工具的卡片。

适应年龄：5～6 岁。

活动要求：教师发出指令——"请坐好，"要求自闭症儿童手放好、眼睛注视教师。教师出示交通工具卡片，引导自闭症儿童回忆交通工具的名称。教师将飞机和汽车卡片分开，向自闭症儿童展示汽车和飞机，并且讲述汽车在路上跑，飞机在天上飞。教师再引导自闭症儿童回答飞机在天上飞，汽车在路上跑这两个句式。最后，教师让自闭症儿童自己对两类卡片进行分类。

活动总结：

1. 活动过程中教师要利用自闭症儿童对卡片的兴趣，激发自闭症儿童自然性的表现。

2. 如果自闭症儿童无法遵守游戏规则，或者无法参与学习活动，教师可以适当降低难度，或者将自闭症儿童带离教室。

【专家建议】

学习过程中，教师主要引导自闭症儿童掌握概念，并且理解句式。对于自闭症儿童而言，这样的学习内容较为复杂，需要自闭症儿童具有较好的能力。如果自闭症儿童无法发音或者不能够完成句式，教师可以尝试让自闭症儿童练习分类或者指认。

融合班级中常态儿童的能力较好，对于学习内容的掌握也比较快。因此，常态儿童要更多协助自闭症儿童进行学习。最好的学习方式就是分组，教师要关注个别差异，注意自闭症儿童在学习活动中的参与度。

活动四：记 一 记

【活动内容】

活动准备：足球 1 个,香蕉、出租车卡片各 1 张。

适应年龄：5～6 岁。

活动要求：教师与自闭症儿童互动,准备上课。教师引导自闭症儿童回忆前面、后面、上面、下面等方位词汇。教师让自闭症儿童将球放到自己的后面、桌子的后面等,复习方位词汇。接下来,教师出示香蕉卡片,让自闭症儿童猜一猜香蕉后面是什么。教师再出示出租车卡片,让自闭症儿童猜一猜出租车后面是什么。教师利用卡片的正反面图案,引导自闭症儿童理解并记忆每个卡片后面的实物。一方面,增强自闭症儿童理解方位词前面和后面;另一方面,帮助自闭症儿童增强记忆能力。

活动总结：

1. 教师要尽量避免实物强化,以保证自闭症儿童能够真正理解指令要求,以及对方位词汇的理解,更好地锻炼记忆能力。

2. 如果自闭症儿童无法遵守游戏规则,或者无法参与学习活动,教师可以适当降低难度,或者将自闭症儿童带离教室。

【专家建议】

教师在教学过程中,不应该过度强迫自闭症儿童进行回忆。这个活动的设计较为复杂,对于自闭症儿童而言,参与这样的活动有点困难。因此,教师可以尝试在第一次学习的时候,使用 2 张或者 3 张卡片进行学习,以便于自闭症儿童能理解学习的要求。教师也可以将卡片换成自闭症儿童感兴趣的物品,以引起自闭症儿童的兴趣。

融合班级中,教师可以让常态儿童做示范,引导自闭症儿童进行模仿。同时,教师也可以引导常态儿童协助自闭症儿童进行游戏。学习过程中,最为重要的还是自闭症儿童是否参与活动,以及参与的程度,不必过度地要求自闭症儿童发音或者建立条件反射。

活动五：传 球 找 朋 友

【活动内容】

活动准备：足球 1 个。

适应年龄：5～6 岁。

活动要求：教师与自闭症儿童互动,准备上课。教师让自闭症儿童分别站到三个角落。教师引导自闭症儿童向教师举手,表示需要传球。教师把球传给举手的自闭症儿童,并且要求其他自闭症儿童也模仿教师和儿童互动的行为。教师与自闭症儿童进行连续性的互动,反复练习以上动作环节。

活动总结：

1. 活动过程中主要练习自闭症儿童的动作能力以及听指令和表达需求的能力。教师要尽量利用游戏的娱乐性,增加自闭症儿童对游戏活动的兴趣。

2. 如果自闭症儿童无法遵守游戏规则,或者无法参与学习活动,教师可以适当降低难度,或者将自闭症儿童带离教室。

【专家建议】

学习过程中,教师可以尝试引导助教辅助自闭症儿童举手或者回应教师的指令,对于无法理解指令或者无法回应指令的自闭症儿童,教师可以尝试引导自闭症儿童用其他方式回应,以便与教师之间形成互动。

融合班级中,常态儿童的示范作用很重要,以便于自闭症儿童能够进行模仿。对于能力好的常态儿童,教师可以引导常态儿童辅助自闭症儿童进行学习。学习过程中,教师也可以适当融入概念学习,让常态儿童主动表现,引导自闭症儿童进行模仿。

总之,自闭症儿童语言发展的教育支持活动,主要是利用游戏形式,充分锻炼自闭症儿童的理解能力、思维能力、想象能力、语言能力、动作能力等多种心理品质,从而激发自闭症儿童的语言功能,锻炼自闭症儿童的主动性言语能力。

【本章小结】

本章节主要探讨了自闭症儿童语言的发展与教育支持,包括语言与语言障碍的相关概念,自闭症儿童语言发展的表现、特点以及评估,教育支持策略,教育支持活动。通过对概念的解读,进一步结合自闭症儿童语言发展的表现和特点,提供有针对性的教育支持策略和教育支持活动。但是,对于自闭症儿童语言发展的教育支持,还需要结合具体情况,灵活应对,结合多种方式、方法,保证教育支持的有效性。

案例思考

温迪有一个自闭症的孩子,但是温迪对她的孩子经常严格要求。因为,温迪认为她的孩子一定会康复,同时也想好好锻炼自己的孩子,不想因为他是自闭症儿童,就可以为所欲为。每次,温迪都会要求她的孩子做一些家务事,并且给予鼓励和强化。温迪认为,这样的方式很有效,可以长时间建立一些行为。但是,温迪也发现,如果离开家里,到了社会当中,温迪没有给强化物的时候,她的孩子就不会听从指令。于是,温迪开始思考如何利用生活本身来帮助孩子建立行为,或者学习语言。

温迪开始尝试利用生活中的小细节。每当温迪发现自己的孩子要喝水的时候,温迪会主动把水杯递给小孩,并且要求小孩和自己一起发"shui"的音,如果小孩不配合,温迪是不会让小孩喝水的。温迪的小孩在几次努力未果的情况下,也会主动放弃,并且选择离开。但是,温迪不会放弃,温迪会把小孩抓到自己身边,反复强迫小孩发音。如果最后依然没有成功,温迪就会要求小孩做一件事情,然后再奖励喝水。

就这样,时间过去了一年多,温迪的小孩还是没有学会语言,反而增加了很多情绪问题。

思考题

1. 你认为自闭症儿童和听力障碍儿童在语言障碍方面有何区别呢?

2. 为什么温迪的小孩在家里学会的语言,在社会环境中却不会讲呢?

3. 对于温迪的教学方法你会做何评价呢?

4. 如果你是温迪,你会怎样做呢? 请说明你的理由。

第八章 自闭症儿童情绪与行为的发展与教育

自闭症儿童心理发展与教育

▶ 本章微课　　PPT 教学课件

学习要点

1. 情绪是内隐的,行为是外显的。情绪与行为障碍是指在没有智力障碍和精神失常的情况下,与所处的社会背景以及社会评价相违背,在情绪和行为上显著异于常态,且妨碍个人对正常社会生活的适应,甚至危害他人、集体和社会的行为倾向。

2. 自闭症儿童在情绪与行为的理解、表达、调节方面存在障碍。

3. 自闭症儿童的情绪与行为障碍的教育支持策略,需要从寻找问题的源头;积极地引导与支持;提供多元化的提示;利用运动或体能训练等策略作为切入点。

实际的生活环境中,个体的情绪与行为往往是相伴而生。因为,情绪的表现必须通过行为而得到体现。所以,当个体有情绪波动时,总会通过行为有所显现。但是,个体之间在情绪与行为表现方面却存在差异,例如:小明不高兴时,只是皱起了眉头;小刚不开心时,则暴跳如雷。当有情绪波动时,两个人的情绪反应,即行为表现却完全不同,小明的情绪与行为反应较为平静;小刚的反应则较为剧烈。所以,探讨情绪问题时必须同时要关注行为表现,不能就情绪问题而解决情绪问题;或者就行为问题而解决行为问题。

第一节 情绪与行为障碍

情绪是内隐的,行为是外显的。即使个体极力控制个人情绪,在行为方面也会有微小的变化,例如:流汗、手脚发抖等个体行为。如果个体无法控制个人的情绪与行为,将严重地影响个体的工作、生活、学习。以下将从情绪与行为的定义作为切入点,进一步探讨情绪与行为障碍。

一、情绪与行为的界定

一般而言,有关情绪与行为的界定,心理学家通常将认知、生理、感知觉以及动作等方面的术语结合起来,对情绪与行为进行界定。

情绪是指个体受某种刺激后产生的一种身心激动状态。情绪状态的发生每个人都能体验到,但是对其所引起的生理变化与行为却较难加以控制(常桦、周妮,2012)。

情绪通常体现为喜悦、愤怒、恐惧、悲伤等反应,表面上是内心的感受借由身体表现出来的状态,而本质是一股涌动的能量。外界刺激是情绪形成的直接原因,在外界刺激下这种能量状态通过神经系统的作用就形成了人的各种情绪(孙科炎,2012)。

还有学者将情绪与情感都视为人对客观事物的态度体验以及相应的行为反应。情绪是以个体的愿望和需要为中介的一种心理活动。当客观事物或情境符合主体的需要和愿望时,就能引起积极的、肯定的情绪和情感。当客观事物或情境不符合主体的需要和愿望时,就会产生消极、否定的情绪和情感。情绪和情感是由独特的主观体验、外部表现和生理唤醒等三种成分组成的(彭冉玲,2004)。

情绪是指由某种刺激事件引起的生理激发状态;当此状态存在时,个体不仅会有主观感受和外露表情,而且会有某种行为伴随产生。具体而言,主要包括四个方面:情绪是由某种事件引起的;情绪状态不伴随产生生理反应;情绪状态下产生心理反应;情绪兼具行为与动机两种特征(张春兴,2012)。

情绪是由某种刺激(机体外部刺激或内部刺激)所引起的个体自觉的心理体验。情绪不是一种毫无目的、没有任何意义的伴随体验;相反,它是在认识和环境变化的过程中产生的,并且具有重要作用。情绪是一种由多种成分组成的心理现象。对于情绪这一种复杂的心理现象,一般认为由以下四种成分构成:情绪所涉及的面部和身体变化,即情绪的表达形式,包括面部表情、姿态表情和语调表情;情绪是行动的准备,情绪唤醒生理层面上的潜能;情绪涉及有意识的体验;情绪包含了认知成分,涉及对外部刺激或内部刺激的评价(黄希庭,2008)。

看来,情绪是一种生理层面的变化,而引起认知层面的意识以及个体的感受。情绪的发生过程受到外界环境刺激、内部认知层面的影响、生理状体的激发(图8-1)。所以,情绪的发生是一个较为复杂的过程。

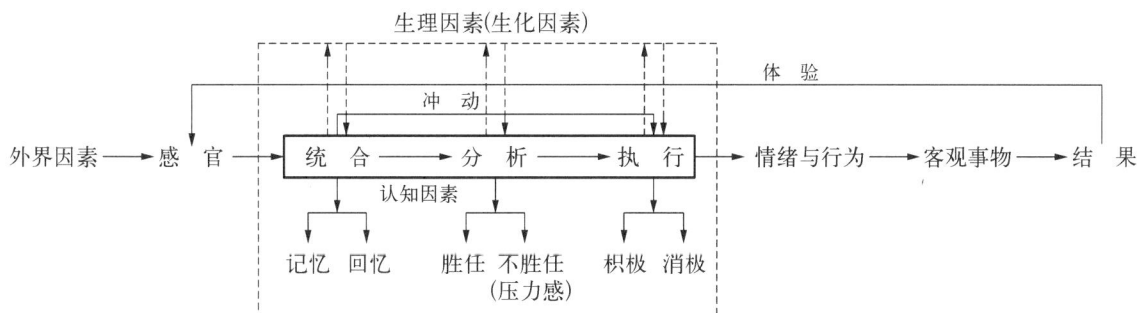

图 8-1　情绪结构图

综上所述,本章节所称为的情绪是指人们由于某些事情是否如意,所常常感受到的喜、怒、哀、乐等,都是情绪的具体表现形式。心理学把人对于客观事物是否符合其需要而产生的体验称为情绪。

有关行为的界定,在早前行为主义认为,行为包括内隐和外显的两类。行为不仅仅是看得见、听得着的动作、行动,还包括人的心理结构、意识过程以及记忆、心像等。因此,有学者提出,所谓行为是指集体在主客观因素的影响下所产生的外部活动,即机体任何外显的、可观察的动作、反应、运动或行动,以及人的头脑里所进行的各种内在的心理活动,是人与环境两者互动作用的结果,人类的行为大多是通过学习获得的(王辉,2015)。

行为是指人的外显的可被人直接观察到的所有动作;行为由动机引发;行为可以是适应的或者适应不良的(本杰明·B·莱希,2010)。

结合不同学者的观点,本章节中所提及的行为主要指受思想支配而表现出来的外表活动,例如:做出的动作、发出的声音等。

二、情绪与行为障碍的界定

不同领域的学者对情绪与行为障碍的界定各有不同。有的学者关注的是情绪障碍,而有的学者则关注行为障碍。本章节先从情绪障碍和行为障碍分而述之,最后再统整为情绪与行为障碍。

情绪障碍又称为心境障碍,以显著而持久的情感或心境改变为主要特征。一般表现为情感高扬或低落,且伴有相应的思维和行为改变,有反复发作的倾向。在心理异常行为表现中具有核心特征,即任何异常心理与行为都可以看作一种情绪障碍,严重的心理疾病往往以情绪改变为先兆(梁宁建,2011)。

美国常见的儿童情绪障碍分为分离性情绪忧郁障碍、童年或青春期回避性情绪障碍、过度忧虑性情绪障碍、焦虑症(任颂羔,2012)。可见,情绪障碍的类型较为复杂、表现形式多样。

而行为障碍,一般指儿童和青少年表现出一些外显的习惯化的行为方式时,经常用他们那个年龄不常见的一些行为方式行事,而不顾其他人的权利。通常包括攻击他人和动物;对物体进行破坏;偷窃和诈骗;以及严重的违背规则(特里萨·M·麦克德维特等,2007)。简而言之,主要包括破坏性行为障碍、对抗性不服从障碍和双极性行为障碍三种类型(任颂羔,2012)。

从不同学者的界定而言,情绪障碍与行为障碍是两种不同的表现类型,甚至是两种不同性质的问题。但是,在特殊教育领域中,常常将情绪与行为合二为一,并且将某类特殊需要儿童称为情绪与行为障碍儿童,而且对情绪与行为障碍儿童也有明确的界定。因此,本章节也将情绪障碍与行为障碍看作情绪与行为障碍。

情绪与行为障碍是指在没有智力障碍和精神失常的情况下,儿童的行为与其所处的社会环境以及社会评价相违背,在行为上显著地异于常态,且妨碍个人对正常社会生活的适应。它是一种心理与社会功能障碍的表现,包括焦虑症、恐惧症、儿童精神分裂症、注意缺陷多动症、饮食异常、药物滥用、自伤等行为(查子秀,2006)。

情绪与行为障碍泛指儿童或青少年持续性地表现外向性的攻击、反抗、冲动、过动等行为,内向性的退缩、畏惧、焦虑、忧郁等行为,或其他精神疾病等问题(张国涛,2015)。

情绪与行为障碍是常见的儿童青少年精神障碍之一,是指在没有器质性病变和情感障碍的情况下,表现出与社会情境和社会评价相违背的情绪反应和行为动作,并影响其社会功能,主要表现为侵略性、反社会性行为、焦虑、抑郁、恐惧、强迫等(王苏弘、罗学荣,2011)。

综上所述,不同学者对于情绪与行为障碍的界定都围绕情绪和行为展开,并且具有较强的领域性和专业性。本章节在特殊教育视野下,结合不同学者的观点,将情绪与行为障碍称为在没有智力障碍和精神失常的情况下,与所处的社会背景以及社会评价相违背,在情绪和行为上显著异于常态,且妨碍个人对正常社会生活的适应,甚至危害他人、集体和社会的行为倾向。

第二节　自闭症儿童情绪与行为的发展

情绪与行为障碍是自闭症儿童三大核心障碍之一。自闭症儿童情绪与行为的表现有时具有特殊的意义。因为,当自闭症儿童无法用语言表达个人需求时,自闭症儿童会借助情绪与行为表达个人的感受。但是,很少有人能够真正理解自闭症儿童情绪与行为所传递的信息。

一、自闭症儿童情绪与行为发展的表现

自闭症儿童在情绪方面,经常表现出对新事物缺乏兴趣,但有时会出现异常的、激烈的情感反应;行为方面会表现出较多的刻板、自我刺激、自伤等行为(武博雅,2013)。自闭症儿童还会出现焦虑、恐惧、抑郁等不良心境,有些情绪很不稳定,容易暴怒或号哭,特别在进入陌生环境或者当自己的要求得不到理解和满足时,自闭症儿童就会有情绪问题,并伴有刻板、仪式化、破坏性、攻击性等行为(舒明跃,2002)。

情绪的自我调节能力缺陷影响自闭症儿童的社会性交往能力,并且表现出简单动作的机械性重复、情感的冷漠和表达方式的怪异(郭德华、周群、吴连春,2010)。自闭症儿童通常不能理解环境的含义、不懂得活动转换。而当活动需转换时,他们通常不能适应,无法控制情绪,缺乏自我管理、自我控制能力(魏寿洪,2006),并且长期伴有刻板行为、自我刺激性行为、自伤行为、破坏性行为和攻击性行为、情绪表现异常等问题(郭雷祥,2012)。

自闭症儿童存在重复性的刻板行为,不习惯周围事物的改变,有着重复的感知觉兴趣以及同一性的坚持,而自我刺激行为在获得感觉刺激的同时可以让儿童获得最直接的掌控感和安全感。因此,自闭症儿童会通过最原始的方式,即撞头、拍打自己、旋转和摇晃身体等方式来获得这些刺激(张静、杨广学,2015)。

总之,自闭症儿童的情绪与行为发展水平较差,存在较为严重的情绪与行为问题。对于自闭症儿童而言,由于思维、人际关系、语言沟通、智力等方面的发展迟缓,而导致自闭症儿童出现严重的哭叫、

跳闹、自我伤害、攻击性行为等情绪与行为问题(冯雪,2014)。

二、自闭症儿童情绪与行为发展的特点

就自闭症儿童情绪与行为的表现情形而言,自闭症儿童具有较为严重的情绪与行为问题。所以,对于自闭症群体进行分类时,有学者将自闭症群体纳入在情绪与行为障碍群体之中。之所以会存在较为严重的情绪与行为问题,与自闭症儿童不能适应周围环境以及在认知、语言、感知觉、社会适应性行为等方面存在的障碍有积极的正相关。具体而言,主要有如下特点。

(一)自闭症儿童对情绪与行为的理解存在障碍

3岁起自闭症儿童就表现出无法正确地知觉面部表情,对面部表情缺乏兴趣,并且无法正确感知负面情绪的问题。知觉方面的障碍直接影响对情绪与行为的理解。所以,无论成年人伤心时对自闭症儿童表现哭泣,或者成年人开心时对自闭症儿童表现拥抱等情绪与行为时,自闭症儿童都较为被动,更多的是无法从成年人的情绪与行为中,知觉或理解成年人的心情或意图(图8-2)。

图8-2 你们为什么不理我呢?

(二)自闭症儿童对情绪与行为的表达存在障碍

自闭症儿童起初在情绪与行为方面的表达,与同年龄的常态儿童相比较为正常。但是,随着年龄的增长,自闭症儿童在情绪与行为方面的表达会出现严重的障碍,并且异于常态儿童。具体而言,主要指自闭症儿童不懂得如何表达个人情绪,经常使用较为极端的行为来表达个人意图,或者尝试用不当的行为与人沟通;甚至在情绪与行为方面的表达也会出现不足或过度的现象(图8-3)。

图 8-3　我不会表达

（三）自闭症儿童对情绪与行为的调节存在障碍

自闭症儿童的情绪与行为常常有偶发现象，例如：突然大笑起来，或者突然很悲伤。究其原因，主要还是因为自闭症儿童缺乏有效的调节情绪与行为的策略。而这种表现，在自闭症儿童的早期阶段

图 8-4　我不会调节自己的情绪

就已经有所显现。自闭症儿童情绪与行为的调节策略不足,导致自闭症儿童不能够保持积极的情绪状态,无法根据情境的需要而进行自我调节(图8-4)。

总之,自闭症儿童在情绪与行为方面的表现存在异常,并且具有对情绪与行为的理解、表达、调节存在障碍的特点。教师需要结合自闭症儿童情绪与行为的表现以及特点,提供有针对性的教育支持。

第三节　自闭症儿童情绪与行为发展的评估

情绪与行为障碍是自闭症儿童三大核心障碍之一。自闭症儿童情绪与行为发展的评估,主要是对自闭症儿童是否善于管理个人情绪、是否善于解读他人情绪、是否能够表达情绪以及适应新环境的能力等方面进行客观的评估,间接了解自闭症儿童的情绪与行为的发展水平。

一、自闭症儿童情绪与行为发展领域的评估工具

有关自闭症儿童心理发展水平的评估量表,包括《心理教育评定量表》《自闭症儿童发展评估表》《自闭症行为评估量表》(ABC)、《儿童自闭症评定量表》(CARS)、《韦氏学前儿童智力量表》《克氏行为量表》《儿童适应行为量表》等。

《心理教育评定量表》中,情绪与行为领域评估项目共52项。分为依附情绪行为、情绪理解、情绪表达与调节、感觉偏好以及特殊行为等部分。一方面要了解自闭症儿童及其他广泛性发育障碍儿童回应行为反应、情绪理解、依恋情绪行为、表达情绪、社交沟通、适应转变、运用物品以及身体等方面所表现出来的行为模式的异常与否;另一方面还要评估自闭症儿童以及其他广泛性发育障碍儿童的视觉、听觉、味觉等感官是否具有典型的特殊偏好和局限,是否具有自闭症儿童一些特殊行为等。

二、自闭症儿童情绪与行为发展领域评估项目与内容举例

本章节结合不同的评估工具,对自闭症儿童情绪与行为发展领域的评估操作过程进行了简要的汇总(表8-1)。

表8-1　评估项目与评估内容举例

评　估　项　目	评　估　内　容
对成人的行为做出反应	在测试时或日常生活中观察;或询问家长:当儿童生气时成人给予照顾或安慰,儿童会做出什么反应? 若家长不能明白问题,可举一些例子说明

评 估 项 目	评　估　内　容
与照顾者分离时的情绪反应	在测试时或日常生活中观察;或询问家长:与照顾者(如妈妈)分离时儿童会有什么反应?经成人安慰情绪能平复吗?
理解成人的表情	在测试时或日常生活中观察;或询问家长:儿童能否从成人的表情中知道成人对自己的行为是否认同?
用行动表达正面情绪	在测试时或日常生活中观察;或询问家长:儿童能否用简单的语言或行动适当地表达正面情绪(如开心、轻松等)?若家长不明白问题,可举例说明
调节正面情绪	在测试时或日常生活中观察;或询问家长:儿童能适当地调节自己的正面情绪,且很快就能平静(如兴奋时只会作短暂欢呼或跳跃)吗?
对镜中自己影像的反应	测试员向儿童出示镜子,指示儿童望向自己的影像并问:你看到谁了呀?然后作短暂的观察(30秒)。若儿童没有反应,可口头或用手势指示,但若儿童开始把玩,则只需观察儿童的表现,不需要再给予指示 观察问题: 儿童是否对自己的影像做出不恰当的反应(拒绝望向影像、拍打镜子、显得十分兴奋、表露过分的兴趣)?
向测试员求助	观察问题: 1. 儿童能否就测试项目和个人需要(系鞋带、索取物品、要求物品、如厕等)用语言或手势求助? 2. 儿童是否在一个以上的情境下用语言或手势求助? 3. 测试员可制造困难,如要求儿童把物品放进细小的袋子里,观察儿童的表现
恐惧的反应	观察问题: 1. 儿童是否在恐惧的情况下有不恰当的反应? 2. 在应该表现恐惧的情况下,儿童是否缺乏应有的反应? 3. 儿童对恐惧的反应是否过分或不当? 4. 儿童与亲人分离时的反应如何?
对干扰的忍耐力	观察问题: 1. 当测试员拿走儿童感兴趣的测试材料或转换活动时,儿童会有怎样的反应? 2. 儿童是否有异常的挫败感和感到非常困难?
单独玩耍	测试员拉开儿童的桌子,并说:你可以离开座位出来玩啦。或指着测试用过的材料说:这些东西你都可以玩,你自己玩一会儿吧。然后观察儿童 观察问题: 1. 儿童单独玩耍是否有困难? 2. 儿童是否是没有组织地玩耍(如:只将所有材料胡乱地堆在一起,而不知道如何玩)或沉迷于刻板而重复的行为(如:将任何物品都排列起来)? 3. 儿童是否过分活跃,或对外界脱离,什么事也不做? 4. 儿童是否查看房间周围环境,玩测试材料缺乏兴趣? 5. 当测试员对空间和材料的使用没有安排,儿童是否会沉醉于古怪的自我刺激行为中?
对物质奖励的反应	观察问题: 1. 儿童是否对物质奖励(如:玩具、书本、糖果、果汁、小吃等)有兴趣,而且会因为物质奖励而加强参与活动的兴趣? 2. 儿童是否从物质奖励所提供的感官刺激获得满足?

评 估 项 目	评 估 内 容
检查触觉块	测试员将3块触觉块放在儿童面前,观察: 儿童对触觉块是否有不当的反应? 儿童是否抓、啃、嗅或拒绝接受触觉块? 在观察期间,测试员应保持沉默,切勿干扰儿童的行为

教师或者父母可以根据实际情况以及自闭症儿童的实际能力,有所侧重地进行评估,也可以选择适当的项目进行评估,还可以自己设定相关游戏内容进行评估。评估过程中,需要结合具体情况灵活应对,更加需要采取多种方法的相互结合。

三、注意事项

自闭症儿童情绪与行为发展的评估应注意以下几方面:
(1) 评估过程中注重联系生活中的实物和实际情境进行评估;
(2) 评估过程中要保证自闭症儿童有积极的情绪;
(3) 通过具体的活动反映自闭症儿童的情绪与行为;
(4) 结合观察、访谈等评估方式,综合评价评估结果。

第四节　自闭症儿童情绪与行为发展的教育支持策略

自闭症儿童的情绪与行为的表现,有其独特的特点。一般而言,有可能是因为自闭症儿童有某种需要而无法得到满足时,自闭症儿童会表现一些情绪与行为方面的问题;另一方面,自闭症儿童也可能会通过情绪与行为表达个人的想法;最后,自闭症儿童会试图通过情绪与行为的表现来进行自我刺激。总之,自闭症儿童的情绪与行为问题较为复杂,教师的教育支持策略还需谨慎,并且富有科学性。

一、寻找问题的原因

教师在为自闭症儿童提供教育支持之前,首先要做的不是如何解决问题,而是要了解问题的源头。因为自闭症儿童的情绪与行为,不同于常态儿童。所以,教师不可以盲目行事,造成不必要的麻烦,有时还会事与愿违。一方面,教师要了解客观环境是否是诱因;另一方面,教师要了解自闭症儿童的自身状况是否健康;最后,教师可以尝试了解自闭症儿童的生活习惯。这些都是导致自闭症儿童情绪与行为的重要源头,这些诱因的改善,会大大减少自闭症儿童情绪与行为方面的不足。

欣欣（化名）上课的时候总是喜欢击打自己的头部，而且在其他教室或者走廊内都会有同样的行为。但是，欣欣在学校教师办公室和家里则不会有自伤行为。通过观察我发现，原来欣欣是不喜欢热的地方。因为在教师办公室和家里都有空调，而教室和走廊内没有空调，欣欣感到燥热就会不断地击打自己，以此排解自己的情绪，表达自己的需求。

教学片段所阐述的内容说明，自闭症儿童的情绪问题都是有原因的，教师要善于寻找问题的原因，并且妥善处理。切记不能就情绪问题而解决情绪问题；就行为问题而解决行为问题。

二、积极的引导与支持

自闭症儿童表现情绪与行为问题时，大多数情况下是有原因的。但是，教师不仅要寻找原因，同时也要善于引导自闭症儿童的情绪与行为。教师在面对自闭症儿童的情绪与行为时，一方面要保证自闭症儿童的安全，因为自闭症儿童表现的情绪与行为都较为极端，容易给自己和别人造成伤害。其次，教师要忽视行为，关注儿童，及时安抚自闭症儿童，用最为亲切的言语安抚自闭症儿童，例如：宝宝不要怕，老师在你的身边保护你。最后，教师可以尝试把自闭症儿童带离教室，来到其他教室帮助自闭症儿童进行自我"冷却"。与此同时，教师可以为自闭症儿童提供玩具，以便转移其注意力。

临近下课的时候，欣欣（化名）看见了玩具柜里的积木，急忙翻出两个积木车，虽然我极力阻止，但是欣欣还是不情愿把积木还给我，而且哭了。于是我会告诫欣欣我们要收玩具了，然后我开始数1、2、3，我尝试用数数引导欣欣的情绪。欣欣的妈妈看到以后，似乎很不高兴，认为欣欣既然喜欢就要满足她。不过，我还是坚持我自己的原则，下课了要收拾玩具，欣欣就应该如此，应该遵守规则。对于自闭症儿童而言，规则的建立是重要的学习内容之一。

这则教学片段记录了一名教师对一名有情绪与行为问题的自闭症儿童如何进行引导的情节。从教师的角度而言，不能放纵自闭症儿童的行为固然重要。但是，当客观环境与主观需要不符时，自闭症儿童就会产生情绪问题。教师理应引导自闭症儿童，改善情绪与行为问题。同时，教师还需要与自闭症儿童的家长进行沟通，争取得到自闭症儿童家长的支持和理解。

三、预先的提示与支持

自闭症儿童有时表现的情绪与行为问题，往往是因为不知道下一个学习任务或者不知道任务何时结束而表现情绪与行为问题。对此，教师在下达指令之前，首先应该给自闭症儿童出示卡片或者言语引导，目的是帮助自闭症儿童了解即将要做的事情，或者目前的学习任务何时会结束，例如：每次做一组感统训练游戏时,教师都出示卡片,让自闭症儿童自己选择学习内容;每次学习任务完成时,教师都会给自闭症儿童一颗五角星,将五角星贴在游戏活动完成栏处。目的是告知自闭症儿童学习任务已经结束。通过这样方式,自闭症儿童的情绪与行为问题会得到极大的改善。

每个活动在开始和结束的时候,欣欣(化名)都会发脾气。刚开始,我尝试用语言作为引导,但是效果一般。后来,我将活动内容呈现在图片上,每次进行一个活动和结束一个活动都在图片上标注出来。效果很好,欣欣在上课的时候,不再发脾气了。原来欣欣发脾气是因为对活动不了解,不明白何时开始、何时结束,才会有情绪问题。

这则教学片段的主题,主要是凸显出在实际的教学过程中,教师可以利用各种辅具,引导自闭症儿童的情绪与行为问题。尤其面对有情绪与行为问题的儿童时,事先的引导与提示很重要,可以有效地改善自闭症儿童的情绪与行为问题。

四、适当的运动或者体能训练

个体的情绪与行为受到环境因素和认知因素的影响,同时也受到生理因素的影响。其中,个体体内的去甲肾上腺素以及胺类、肽类等化学物质的分泌水平或分泌程度影响个体的情绪与行为。如果化学物质过度分泌,个体可能会出现过度兴奋的状态;如果化学物质的分泌处于低迷状态,个体会出现过度抑郁状态,甚至是焦虑。而改变个体体内化学物质分泌的方法,除了服用化学药物以外,适当的运动和体能训练也是非常好的方法之一。

欣欣(化名)是一个有情绪问题的小孩。每天上语言训练课或者认知类课程之前,我都会先给欣欣上感统课或者运动类课程,都是高运动量的活动。目的是通过适量的运动缓解欣欣体内的化学物质的分泌,间接改善欣欣的情绪问题。运动结束以后,欣欣的情绪与行为得到缓和以后,我再带欣欣继续上语言课程或者认知类课程。

因此,教师可以结合自闭症儿童的身体机能的状态,为自闭症儿童提供或设计适当的运动项目以及体能训练项目,例如:跑步、跳跃、沿马路行走,甚至还有游泳、足球运动等。通过适当的运动项目以及体能训练可以有效地改善自闭症儿童体内化学物质的分泌水平,从而间接影响自闭症儿童的情绪与行为问题。

总之,自闭症儿童的情绪与行为问题是一个较为复杂的问题。教师不应该只关注行为而忽视儿童本身。因此,教师要尝试寻找问题的源头;通过积极的引导与支持改变自闭症儿童的情绪与行为问题;善于在生活和学习中提供多元化的提示,以减少自闭症儿童的情绪与行为问题;尝试利用运动或体能训练减少自闭症儿童的情绪与行为问题。实际的生活和学习中,自闭症儿童的个体差异性较大,教师要给予关注,并且提供有效和灵活的教育支持和学习资源。

第五节　自闭症儿童情绪与行为发展的教育支持活动

根据自闭症儿童情绪与行为发展的表现、特点,以及具体的教育支持策略,本章节主要介绍一些教育支持活动。教育支持活动的设计,教师需要结合自闭症儿童的实际需求以及具体的学习情境,灵活应对。

活动一：认识情绪变化

【活动内容】

活动准备:哭、笑、悲伤 3 种情绪图片。

适应年龄:3~5 岁。

活动要求:教师提示自闭症儿童准备上课,并且练习基本的上课常规。教师先带领自闭症儿童复习几组熟悉的动作,为正式学习奠定基础。此后,教师引导自闭症儿童观看哭、笑、悲伤 3 种情绪图片,并且从认知层面理解图片内容表明的基本情绪特征。经过反复练习之后,教师确定自闭症儿童能够准确识别情绪卡片以后,教师再引导自闭症儿童模仿情绪变化。教师出示卡片,自闭症儿童要做出相应的情绪变化。

活动总结:

1. 活动过程中自闭症儿童能否从认知层面理解情绪卡片是学习的重点,也是难点。

2. 如果自闭症儿童无法进行模仿,教师可以尝试降低难度,或者做其他替代性游戏活动。

【专家建议】

由于自闭症儿童的认知能力有限,导致自闭症儿童对情绪图片的识别也存在困难。教师在实施教学过程中,可以将情绪图片的内容换成自闭症儿童熟悉的家长。学习过程中,引导自闭症儿童识别图片中的家长是谁,以及识别家长是开心还是不开心。教师的引导语尽量简洁,避免冗长的引导语,否则不利于自闭症儿童理解和参与学习活动。

融合班级中,教师可以尝试分组教学,并且将小组内的儿童的情绪做成图片,呈现给自闭症儿童以及小组内的常态儿童进行识别,教师尽量辅助自闭症儿童进行观察以及模仿常态儿童在观察时的表情和动作,从而促使自闭症儿童对情绪卡片有较为深刻的感性认识。

活动二：操 控 玩 偶

【活动内容】

活动准备：玩偶2个。

适应年龄：5～7岁。

活动要求：教师提示自闭症儿童准备上课,并且练习基本的上课常规。教师先带领自闭症儿童做几组熟悉的动作模仿,为正式学习奠定基础。此后,教师引导自闭症儿童认识手偶——兔子与猴子。通过学习,自闭症儿童能够区分兔子与猴子,并且在认知层面了解颜色、大小、五官等基本概念。接下来,教师将引导自闭症儿童用手操控玩偶。当自闭症儿童能够熟练操控玩偶以后,教师将进一步引导自闭症儿童根据情绪变化操控玩偶,例如:教师发出指令"小兔子笑了",自闭症儿童要操控玩偶完成指令;教师发出指令"小猴子哭了",自闭症儿童要操控玩偶完成指令。通过听指令练习操控玩偶,复习和巩固以往学过的情绪表现。

活动总结：

1. 活动设计较为复杂,对于自闭症儿童多方面的心理能力是一个较大的考验。活动过程中,需要自闭症儿童的理解能力、想象能力、精细动作等多方面能力的互相配合。

2. 学习过程中教师需要付出较多的耐心和责任心。教师要善于引导自闭症儿童进行学习,尤其当自闭症儿童无法做出反应时,教师要积极提供动作和语言辅助。

【专家建议】

教师在实际的教学过程中,要先做好示范工作。教师要使用夸张的表情和动作做示范,尽量吸引自闭症儿童的注意力,能够让自闭症儿童关注教师的表情和行为。如果自闭症儿童无法完成指定的学习任务,教师也可以尝试降低学习任务的难度,让自闭症儿童模仿一些简单的情绪与行为表现。

融合班级中,教师要激发常态儿童用夸张的表情和行为制造开心的学习氛围,以引起自闭症儿童的关注,激发自闭症儿童进行模仿。教师也应该引导常态儿童协助自闭症儿童进行学习,引导自闭症儿童理解基本的情绪表现。

活动三：我 做 你 学

【活动内容】

活动准备：无。

适应年龄：5～7岁。

活动要求：教师提示自闭症儿童准备上课,并且练习基本的上课常规。教师先带领自闭症儿童做几组熟悉的动作模仿,为正式学习奠定基础。此后,教师引导自闭症儿童学习情绪方面的动作模仿。教师将自闭症儿童放在学习桌上,保证自闭症儿童能够与教师对视。此后,教师发出口头指令,同时做出动作,试图引导自闭症儿童进行模仿。例如:教师发出指令"我哭了",并且同时做出哭的动作。通过反复的练习,试图引导自闭症儿童能够对情绪的表达有较为深刻的认识和理解。

活动总结:

1. 活动过程中教师要调动学习气氛,将自闭症儿童的情绪调动到极点,以保证自闭症儿童能够对活动有较为积极的兴趣。

2. 学习过程中自闭症儿童的注意力和主动性很重要。如果自闭症儿童较为被动,学习的进程就会很缓慢。

【专家建议】

教师授课之前要先利用自闭症儿童感兴趣的刺激物,调动自闭症儿童的情绪,让自闭症儿童的情绪进入兴奋状态。此时,教师做的情绪与行为才能够激发自闭症儿童的关注和模仿。例如:如果自闭症儿童喜欢音乐,教师在上课前先放一段音乐,和自闭症儿童一起跳跃、欢腾,激发自闭症儿童的情绪,让自闭症儿童兴奋起来。然后,教师再引导自闭症儿童模仿自己的情绪。

融合班级中,教师需要引导常态儿童都兴奋起来,带动自闭症儿童的情绪,然后再协助自闭症儿童模仿情绪,进行基本的模仿。同时,教师也可以引导常态儿童辅助自闭症儿童进行学习,带动学习氛围。

活动四:我 做 你 猜

【活动内容】

活动准备:无。

适应年龄:5～7岁。

活动要求:教师提示自闭症儿童准备上课,并且练习基本的上课常规。教师先带领自闭症儿童做几组熟悉的动作模仿,为正式学习奠定基础。此后,教师引导自闭症儿童学习情绪方面的动作。教师将自闭症儿童放在学习桌上,保证自闭症儿童能够与教师对视。此后,教师做出动作,并且试图引导自闭症儿童口头回应教师所表达的情绪。例如:教师做出笑的动作和表情,自闭症儿童能够口头回答"笑"。通过反复的练习,以引导自闭症儿童能够对情绪的表达有较为深刻的认识和理解。

活动总结:

1. 活动过程中教师要调动学习气氛,将自闭症儿童的情绪调动到极点,以保证自闭症儿童能够对活动有较为积极的兴趣。

2. 学习过程中自闭症儿童的注意力、语言表达能力、主动性等方面都很重要。如果自闭症儿童较为被动或者理解能力较差,学习的进程就会很缓慢。

【专家建议】

学习过程中教师不能过度强调自闭症儿童的言语反应。如果自闭症儿童不能用语言回应,也可以让其用动作完成指令,例如:教师做出一个哭的动作,然后出示两种卡片,让自闭症儿童从中选择一种,以代表教师刚才所表达的情绪。至于平视问题,教师可以尽量把自闭症儿童放在一个与教师平视的位置,前提是要保证安全。

融合教育过程中,教师要关注自闭症儿童的参与度。为了不流于形式,教师可以选择2~3名儿童共同参与学习活动,并且引导常态儿童在回答问题的时候,尽量照顾自闭症儿童的反应。同时,教师也可以引导常态儿童用夸张的表情回答问题,以此吸引自闭症儿童进行关注和模仿,试图引导自闭症儿童进行发音。

活动五:奥尔夫音乐

【活动内容】

活动准备:电脑、奥尔夫音乐歌曲。

适应年龄:5~7岁。

活动要求:教师提示自闭症儿童准备上课,并且练习基本的上课常规。教师先带领自闭症儿童做几组熟悉的动作模仿,为正式学习奠定基础。此后,教师播放奥尔夫音乐旋律,根据旋律教师带领自闭症儿童做各种动作。通过动作的习得,而达到控制情绪或者舒缓情绪的目的。如果自闭症儿童无法完成动作要求,教师要采取动作辅助,适当地提供言语辅助。

活动总结:

1. 活动过程中教师要结合自闭症儿童的能力,提供适当的动作引导。如果音乐旋律下的动作过于复杂,超出自闭症儿童的能力范围,自闭症儿童则较难掌握或者模仿教师的动作。

2. 学习过程中教师要充分调动自闭症儿童的积极性,避免自闭症儿童因为缺乏学习兴趣而主动放弃或者流于形式。

【专家建议】

这个活动的设计初衷是为了改善自闭症儿童的情绪,活动的设计内容与其他活动有本质区别。其他活动的目的是为了让自闭症儿童在认知方面得到锻炼。但是,这个活动是为了让自闭症儿童的情绪得到宣泄,以此改善自闭症儿童的情绪与行为。除了音乐活动,教师也可以带动自闭症儿童练习运动或者绘画等方式,都可以宣泄情绪。

融合班级中,常态儿童的参与很重要。常态儿童玩得越开心,就越能够带动学习的氛围;学习的氛围越吵闹,自闭症儿童参与的积极性就越高。因此,教师要先带动常态儿童的积极性,并且引导常态儿童协助自闭症儿童进行学习。

综上所述,针对自闭症儿童的情绪与行为障碍,提供的教育支持活动大多是以自闭症儿童为核心,教师在游戏活动的基础上,对自闭症儿童进行积极的引导。同时,在整个活动的设计方面,融合了语言、动作、感知觉等多个心理活动的共同参与。基于个体的心理活动无法单独表现的事实,针对自闭症儿童情绪与行为方面的教育支持活动,更加要体现活动形式的多元性。以游戏为载体,利用活动带动自闭症儿童多个心理活动的共同发展,从而间接影响情绪与行为。

【本章小结】

本章节主要探讨了自闭症儿童情绪与行为的发展与教育支持,包括情绪与行为的相关概念,自闭症儿童情绪与行为发展的表现、特点以及评估,教育支持策略,教育支持活动。通过对概念的解读,进一步结合自闭症儿童情绪与行为发展的表现和特点,提供有针对性的教育支持策略和教育支持活动。但是,对于自闭症儿童情绪与行为发展的教育支持,教师不应该局限于个别策略或者活动,而是要结合具体情况、结合多种方式、方法灵活应对,以保证教育支持的有效性。

案例思考

　　杰尼卡有一个4岁的自闭症孩子,每天杰尼卡都带着自己的孩子去幼儿园上课。她们每天可以选择坐地铁或者坐巴士。但是,坐地铁的时候,杰尼卡的孩子总会大哭;坐巴士的时候,杰尼卡的孩子不会哭,但是路上却花费较长的时间。杰尼卡还是想坐地铁,可以节省很多时间。但是,杰尼卡现在要解决一个重要的问题,就是让自己的孩子在坐地铁的时候,不要再哭泣。于是,杰尼卡决定向教师请教,寻找解决问题的方法。特殊教育教师建议杰尼卡认真观察孩子的行为,确定时间、地点以及行为表现的强度和行为的表现方式。

　　有一天早晨,杰尼卡带着自己的孩子来到地铁站准备乘坐地铁,并准备要好好观察一下孩子的行为反应。果然,杰尼卡的小孩一走到通道的楼梯口就开始大哭,杰尼卡停住了脚步,开始观察孩子的反应以及周围的情况。杰尼卡发现,小孩一边哭,一边看着楼梯通道上方的排风口。这个排风口发出"呼呼"的噪音,像一只张开的大嘴。但是,早晨上班的人们,急匆匆的脚步并没有发现这张"大嘴"。于是,杰尼卡不顾一切地抱起小孩,一直朝向楼梯通道走去,她不管小孩是否开心、是否苦恼,因为杰尼卡认为小孩的情绪问题都是这个排风口导致的,她们需要快速离开这里。杰尼卡到了幼儿园,把事情的经过和自己的做法向教师讲了。但是,幼儿园的特殊教育教师不赞成杰尼卡这样做,认为强迫性的行为只会导致杰尼卡的孩子有更多的情绪问题。教师建议杰尼卡每次经过那个排风口的时候,都要安慰小孩,并且尽量提前告诉小孩自己要经过那个排风口。

思考题

　　1. 杰尼卡在哪些方面的表现是值得学习的呢?

2. 你是如何看待杰尼卡的小孩所表现的情绪与行为问题的呢?

3. 教师的建议内容中最重要的是什么呢?

4. 当你面对自闭症儿童的情绪与行为问题的时候,你应该如何应对呢?

5. 贯彻党的二十大精神,如何全面建设无障碍社会环境?

第九章 自闭症儿童认知的发展与教育

▶ 本章微课　　PPT 教学课件

学习要点

1. 认知主要是指人认识外界事物的过程,或者说是对于人的感觉器官以外的事物进行信息加工的过程。它包括感觉、知觉、记忆、思维、想象、言语,是人们认识活动的过程。

2. 自闭症儿童在认知方面存在障碍,表现在语言理解、语言使用、情绪控制、行为表达、意图推测等方面。认知发展障碍不利于自闭症儿童参与高级的社交活动,影响自闭症儿童对客观信息进行加工处理的结果。

3. 自闭症儿童的情绪与行为障碍的教育支持策略,需要从建立沟通渠道、联结生活情境、注重实物的启发、激发多项感官的参与等策略作为切入点。

　　个体的认知过程是一个经过获取信息、编码、储存、提取、使用等一系列程序的过程。有关信息的获取在感知觉的章节中已经有所论述,本章节主要探讨编码、储存、提取的过程,即记忆、思维、想象、注意等认知表现。认知过程是个体对客观信息进行加工和改造的过程,是一个较为复杂的过程。如果个体无法对客观信息进行加工和改造的时候,就会表现出认知障碍。

第一节　认知与认知障碍

　　认知科学是 20 世纪世界科学标志性的新兴研究门类,它作为探究人脑或心智工作机制的前沿性尖端学科,已经引起了全世界科学家们的广泛关注。时至今日,心理学家普遍认为,"认知"就是指人类个体内在的心理过程或心理活动的产物,它包括了信息的获得、理解、验证、计划的制订、执行、信息识别、注意、编码等认知过程和认知成分(刘绍龙、肖善香,2002)。但是,由于研究领域或者研究视角的不同,不同学者对认知的界定也存在分歧,主要包括以下几个方面。

一、认知的概念

从认知过程的角度而言,认知这个词的意思是思考、获得知识以及使用知识;认知过程涉及人们如何将他们的想法组织成语言;认知活动始于对某个事物的聚焦(注意这个事物)和对该事物究竟是什么的确定(分类)(詹姆斯·W·凯乐特,2010)。

认知是大脑对实际的辩证反应。自然界中从无机物到有机物,都存在着相互联系或反应,演进到出现植物,开始出现对刺激的感应到被动反应;到动物阶段开始出现能动反应;待到从猿进化到人,便出现了辩证反应(陈南荣,2000)。

从认知包括的内容而言,认知包括注意、感知觉、学习、记忆、语言、问题解决、推理和思维等内容(迈克尔·艾森克,2010)。

认知包括人的意识、感知、注意、记忆、问题解决和推理等过程(梁宁建,2014)。

认知就是指认识活动,包括注意、知觉、幻觉、记忆、解释、分类、评价、原则推理、规则的演绎,想象各种可能性,产生策略和幻想等(钟毅平,2009)。

综上所述,本章节所称为的认知主要是指人认识外界事物的过程,或者说是对于人的感觉器官以外的事物进行信息加工的过程。它包括感觉、知觉、记忆、思维、想象、言语,是人们认识活动的过程。

二、认知障碍的概念

从心理学的角度而言,人类心理活动主要包括知、情、意三大要素,而"知"就是认知功能,它是人的心理活动中最主要和最活跃的一个要素。认知功能是由多个认知域构成,包括定向力、注意、记忆、计算、分析、综合、理解、判断、结构能力、执行能力等等,如果其中某一个认知域发生障碍就称为认知障碍(李舜伟,2006)。

人的认知活动包含感知觉、注意、记忆、思维等心理活动。依据学习者在认知的各个阶段所受的阻碍不同,将认知障碍分为感知觉障碍、注意障碍、记忆障碍以及思维障碍四种类型(张克永、李宇佳、杨雪,2015)。

本章节所谈及的认知障碍是指与个体的认知活动有关的大脑高级智能加工过程出现异常,从而引起严重的学习障碍、记忆障碍,有可能还伴有失用、失认、失行等行为表现。

第二节　自闭症儿童认知的发展

自闭症儿童个体之间的认知发展水平有较大的差异性。一方面,自闭症儿童在某些认知活动方面发展水平较差,例如:图片理解、语言理解、情绪记忆等;另一方面,在个别认知活动方面,自闭症儿童的认知能力却相对较好,例如:拼图、数字记忆等方面。本章节主要对自闭症儿童认知发展的相关研究文献进行了梳理和总结,以此总结自闭症儿童认知发展的表现与特点。

一、自闭症儿童认知发展的表现

自闭症儿童在认知加工方面主要集中于微小的细节或构成要素,而忽略对事物的整体加工,这种整体加工困难反映了主管信息资源整合的中央系统失能。但是,后期的研究中人们逐渐发现自闭症儿童所表现出来的局部认知并非缺陷,也可以被认为是局部加工的优势。自闭症儿童通过努力,也可以提取整体信息。

自闭症儿童在搜寻目标的反应实验中,显著落后于常态儿童,但是在利用人物特征进行搜寻的实验中,自闭症儿童搜寻目标的时间可以显著地缩短。说明自闭症儿童在情感反应方面存在缺陷,从而导致他们在理解别人的情绪时出现困惑,不能产生类似常态儿童的共情能力(段蕾、莫书亮,2010)。

同时,自闭症儿童缺乏人际关系、交流与想象的能力,导致特殊的障碍而无法预测行为(周祝琴,2009)。自闭症儿童很难理解心理表征与外部世界存在的联系,一旦无法理解现实世界与心理状态是相互影响的,那么他们就很难在现实的外部世界和内心的信念之间做出区分并且进行转换,导致自闭症儿童无法参与扮演性游戏。也有学者提出,自闭症儿童并非缺乏装扮游戏的想象能力,而是由于缺乏注意转移能力,即执行功能缺陷,才导致认知异常(郭家俊,2011)。

除此以外,自闭症儿童不能与他人保持目光接触,无法开展人际交互,不能理解他人情绪线索并做出正确反应(陈顺森,2012)。甚至还会表现出自我封闭、交流障碍、情感表达障碍(胡胜花,2013)。

综上所述,自闭症儿童在认知方面存在障碍,表现在语言理解、语言使用、情绪控制、行为表达、意图推测等方面。认知方面的障碍,严重影响了自闭症儿童参与社会活动,影响自闭症儿童的学习和生活。

二、自闭症儿童认知发展的特点

自闭症儿童认知发展的表现,说明自闭症儿童在知识的获取以及建立概念、判断、想象等心理活动过程中存在障碍。如果自闭症儿童存在认知障碍,那么自闭症儿童就无法主动发起认知活动。因为自闭症儿童无法主动发起认知活动,所以自闭症儿童不能与常态儿童进行社交活动、参与游戏活动、进行分享与交流。

(一)自闭症儿童对言语认知存在障碍

言语障碍是自闭症儿童的一个核心症状。约有25%的自闭症儿童不能发展出正常的言语机能,在获得言语机能的自闭症儿童中,其发育也较常态儿童更晚。自闭症儿童不能够引发或者维持对话,只能够片面地理解他人的谈话,对话时答非所问。说明自闭症儿童对语言的理解存在障碍。但是,自闭症儿童却表现出对非言语符号的偏好,例如:手势、图画等。

（二）自闭症儿童对情绪认知存在障碍

自闭症儿童无法理解或推测他人的心理意图、信念、愿望,不能够根据他人的情绪状态来识别和预测他人的行为。因此,自闭症儿童不能够理解他人的情绪表现,也无法做出适当的行为反应。例如:当妈妈伤心的时候,自闭症儿童不懂得安慰妈妈;小朋友哭了,自闭症儿童不仅不会伤心反而会大笑。

（三）自闭症儿童对面孔识别存在障碍

自闭症儿童在面孔选择性注意、面孔识别、面孔加工理解等环节的表现都比常态儿童差。常态儿童在生命的最初几天内就会表现出对面孔的偏好。但是,自闭症儿童在面孔加工方面存在障碍,甚至对母亲的面孔也不会表现出任何偏好。但是,自闭症儿童更加偏好选择没有生命的客体,例如:汽车的轮子、矿泉水瓶子、旋转的风车等。

（四）自闭症儿童对社交认知存在障碍

自闭症儿童还不具有基本的心理表征的能力,还无法理解心理表征与外部世界的关系,甚至缺乏认识自己与他人关系的能力。因此,在社会交往方面,自闭症儿童无法表现基本的社交应对的能力,更加无法建立良好的人际关系,以及掌握基本的社交技巧。社交方面的障碍,严重影响了自闭症儿童与同伴的关系,以及自闭症儿童在装扮性或扮演性游戏中的表现。

总之,自闭症儿童的认知发展水平较低,思维、想象、注意、语言等方面的发展水平,不利于自闭症儿童参与高级的社交活动,影响自闭症儿童对客观信息进行加工处理的结果。因此,教师应该结合自闭症儿童认知发展的表现与认知发展的特点,采取有针对性的教育支持策略,以此满足自闭症儿童认知发展的需要。

第三节　自闭症儿童认知发展的评估

自闭症儿童认知能力的评估,主要是对自闭症儿童的分类能力、推理能力、逻辑能力、概念水平等方面进行客观的量化评价与质性陈述。其中,不包括语言发展水平、感知觉的发展水平、动作的发展水平等方面的评估。

一、自闭症儿童认知发展领域的评估工具

有关自闭症儿童心理发展水平的评估量表,包括《心理教育评定量表》《自闭症儿童发展评估表》

《自闭症行为评估量表》(ABC)、《儿童自闭症评定量表》(CARS)、《韦氏学前儿童智力量表》《克氏行为量表》《儿童适应行为量表》等。

《心理教育评定量表》中,认知发展领域评估项目共55项。分为经验与表征、因果关系、概念三部分,主要评估儿童简单推理、分类、配对、排序以及时间概念、空间概念、颜色概念、数前概念和数概念等方面的能力优劣与需求。

二、自闭症儿童认知发展领域评估项目与内容举例

本章节结合不同的评估工具,对自闭症儿童认知发展领域的评估操作过程进行了简要的汇总(表9-1)。

表 9-1 评估项目与评估内容举例

评 估 项 目	评 估 内 容
按照指令交出物件	将所有物件放在盘子中,并将盘子放在儿童能够看见而且可以触及的地方,教师伸出手向儿童说:"给我一个杯子。"若儿童没有反应或交出错误物件,则向儿童展示该物件的图片,并重复上述语言。重复以上程序测试其余物件
明白物品间的关系	把玩具车放在较远的地方吸引儿童,不让儿童触及车子,但把玩具车的绳子放在儿童可以触及的地方,吸引儿童注意玩具车,观察儿童反应。若儿童没有反应,则提示"你玩啊"
示意求助	教师将玩具或食物放在罐子内并旋紧盖子,将罐子交与儿童,指示儿童可自行取出玩具或食物。当儿童无法打开罐子时,教师可稍作等待,然后沉默地向儿童伸出手,并观察儿童反应。若儿童没有反应,教师可将手进一步移近,并说"要不要帮忙?"
实物配对	将一张图片放在桌子上,向儿童出示与该图片相符合的物件,示范将物件放在图片上,然后取走 另放2张新的图片在桌子上,将一件与其中一张图片相对应的物件交给儿童,指示儿童自己进行配对,若儿童出现错误,应及时进行纠正。 取走已完成配对的物件和图片,随机另外放上一张新图片以保持桌面上有2张图片。继续以上测试程序以完成所有测试
能分辨图片中的时间(早上、晚上)	将图片卡放在桌面上,吸引儿童观看,问:"这两张图片哪个是早上,哪个是晚上?" 若儿童没有反应,则指着其中一张,问:"这张是早上,对吗?"然后再换另外一张问
从容器中取出物品	将2块积木放在盒子中,然后放在距离儿童面前约8 cm的地方,示范将一块积木从盒子中取出,并说"我取出来了,你也取出来",指一指另外一块积木并张开自己的手掌
按要求放置物品(上面、下面)	把玩具苹果放在儿童手中,告诉他"放到桌子上面",待儿童反应后,再将玩具苹果放到他手中,说"放到桌子下面"。换上梨子,重复上述指令(次序:上、下、下、上)

评 估 项 目	评 估 内 容
配对红、绿颜色(外形相同)	把红绿积木各一块分别放在桌面上,教师先一边示范配对红绿积木各一,一边说:"同样颜色的放在一起。"(把示范配对的积木保留原位)然后把其余的6块积木逐一交给儿童,并说:"和同样颜色的放在一起。"不论儿童的反应正确与否,先取走他放置的积木后再给他另外一块
配对黄、蓝颜色(外形、大小不一)	把黄蓝积木各一块分别放在桌面上,教师先一边示范配对黄蓝积木各一,一边说:"同样颜色的放在一起。" (把示范配对的积木保留原位)然后把其余的6块积木逐一交给儿童,并说:"和同样颜色的放在一起。"不论儿童的反应正确与否,先取走他放置的积木后再给他另外一块
依要求指出大小	将两张三角形图片并排放在儿童面前的桌面上,问:"这两个三角形大小是不同的,哪个更大?"示意儿童指出。依同样程序测试圆形和正方形的图片
指出多少	在儿童面前摆放2个小碟,1个里面放2块小积木,另外一个放8块小积木。问儿童:"哪个碟子积木多?"再问:"哪个碟子积木少?"转换碟子位置问:"哪个碟子积木少?"再问:"哪个碟子积木多?"(测试顺序:多、少、少、多)
指认长短	将其中两根小棍摆放在儿童面前的桌面上,小棍一端对齐,然后问:"哪根小棍是长的?"再问:"哪根小棍是短的?"示意儿童回答或指出。取走其中一根小棍,分别换其他小棍重复上述测试程序(测试顺序:长、短、短、长、长、短)

　　教师或者父母可以根据实际情况以及自闭症儿童的实际能力,有所侧重地进行评估,也可以选择适当的项目进行评估,还可以自己设定相关游戏内容进行评估。评估过程中,需要结合具体情况灵活应对,更加需要采取多种方法的相互结合。

三、注意事项

自闭症儿童认识发展的评估应注意以下几方面:

(1) 评估过程中注重联系生活中的实物进行评估;

(2) 评估过程注意引导语和动作的支持;

(3) 借助游戏的方式进行评估,通过游戏过程反应自闭症儿童的认知能力;

(4) 结合观察、访谈等评估方式,综合评价评估结果。

第四节　自闭症儿童认知发展的教育支持策略

　　如果针对自闭症儿童认知发展水平提供的教育支持策略,过于刻板或者过于机械化,不具有灵活性,将导致自闭症儿童的认知发展过程较为被动,自闭症儿童将缺乏主动思考问题的能力。同时,在当下社会高速发展、知识迅猛增加的时代,如果教育支持过程中教学效果进展缓慢,更加不利于自闭症儿童获得更多的知识和技能。因此,应该改变教育支持的传统观念,将自闭症儿童的认知活动建立在游戏活动的基础上,通过自然化、生活化的方式,激发自闭症儿童多个心理活动的共同参与。因为,个体在参与游戏活动的时候,心理活动是不可能单独出现的,而是表现为多个心理活动的共同参与。

一、建立沟通渠道

自闭症儿童虽然不懂得采取有效的方式与人沟通,教师也无法通过语言与自闭症儿童建立有效的沟通渠道。那么,教师就需要采取有效的措施,帮助自闭症儿童与外界环境之间建立有效的沟通渠道。以往相关研究发现,自闭症儿童的视觉通道占有绝对的优势,自闭症儿童可以利用视觉通道获取信息。因此,教师就可以借助视觉提示,引导自闭症儿童参与认知活动,包括认识图画、了解概念、揣摩意图等认知活动。沟通渠道的建立,是有效沟通的前提,也是提升认知水平的基础。但是,自闭症儿童的个体差异性较大,同一种方法不可能完全适用于所有自闭症儿童。教师和家长,还需要结合自闭症儿童的实际特点和能力,采取有效的辅助措施,建立有效的沟通渠道。

亮亮(化名)的理解能力不好,无论怎样说教,亮亮还是不理解,教师与亮亮之间无法建立有效的沟通渠道。于是我尝试使用强化物,引导亮亮发音。每次我会做一个示范,然后我要求亮亮模仿,如果亮亮的发音接近我的发音,或者亮亮有发音,即使与我的发音不接近,我都会奖励亮亮。经过几次的反复练习,亮亮基本可以发 j、x、c、q、ma、haha 等音。但是,利用强化物进行的学习,还仅限于发单音音节,并不适合学习抽象的名词。

这则教学片段的内容说明,如何根据自闭症儿童的认知水平建立一条高效的沟通渠道很重要,良好的沟通渠道可以更好地传递信息,辅助教师和自闭症儿童进行有效的沟通和交流。

二、联结生活情境

自闭症儿童的理解能力不好,抽象的信息不利于自闭症儿童进行理解和记忆。如果教师长期使用强化物只能够使自闭症儿童与客观实物之间建立联结而已,却不利于自闭症儿童理解概念或者建立概念。例如:如果教师经常使用强化法,教师就会发现自闭症儿童只有在教室内面对教师的时候会表现出预期的行为,当离开教室以后面对父母的时候,自闭症儿童就不再表现出预期的行为。因此,自闭症儿童的认知学习需要和特殊的生活情境相联结,增加自闭症儿童的感性经验和情境记忆的能力,下一次在同样的情境中,希望能够激发自闭症儿童主动性的行为。联结生活情境能够更好地避免自闭症儿童由于认知障碍,而导致学习过程中的刻板性或者机械性。

第一次我教亮亮(化名)购物的时候就是在超市进行的。第一次购物的时候,亮亮不懂得排队,也不懂得结账,亮亮很纠结这个行为,并且一直抗拒,搞得现场很混乱。但是,我依然会坚持自己的想法,而且尝试与亮亮沟通,尽量能够让亮亮主动接受排队付款。几次的尝试以后,亮亮开始逐渐能够接受这个行为模式,并且在购物时,都能够主动排队。

所以,实际的教学过程要联系生活情境,还给自闭症儿童真实的环境,这样有助于自闭症儿童更好地理解概念或者理解指令。如果教师需要教授自闭症儿童吃饭的行为模式,就需要在餐厅内进行;如果教师需要教授自闭症儿童学习游泳,就需要在真实的泳池内进行;如果教师需要教授自闭症儿童学习社交,就需要在真实的社交环境中进行;如果教师需要教授自闭症儿童购物,就需要在真实的超市内进行。

三、注重实物的启发

自闭症儿童的认知能力有限,对于抽象的事物理解较差,对于事物的感知能力较弱。因此,教师不能给予自闭症儿童抽象的活动进行认知训练,不能给予自闭症儿童"假"的物品进行认知学习。教师必须为自闭症儿童提供真实的物品进行认知学习,例如:教师教授苹果的概念,就可以给自闭症儿童提供真实的苹果,让自闭症儿童利用"闻、吃、扔、摸"等方式获取信息。

今天我们学习了折纸飞机,虽然亮亮(化名)不会折纸飞机,但是亮亮非常认真地模仿我的动作。我把一张白纸交给亮亮,然后我做示范,要求亮亮跟着我做。亮亮一边看着我的动作一边模仿我的动作。虽然亮亮折的纸飞机很不好看,但是经过我的引导以及辅助,亮亮做的纸飞机终于完成了。最后,在我的引导下,亮亮还对纸飞机进行了涂色。

实物信息的刺激比较真实,而且便于自闭症儿童理解和接受。如果教师给自闭症儿童提供了"假"的物品,例如模拟的苹果模型,自闭症儿童无法真实感受桃子和苹果的特点,对于桃子和苹果也可能产生负面情绪。因此,对于自闭症儿童的教育,生活中的学习和启发很重要。很多学习过程完全可以利用生活中的资源,随时随地进行自然性的学习。

四、激发多项感官的参与

自闭症儿童的认知发展,还需要借助多项感官活动的参与,包括视觉、听觉、嗅觉、味觉等。通过多项感官的参与,促使自闭症儿童加深对客观事物的理解,增强自闭症儿童的记忆能力、理解能力,从而更好地提升自闭症儿童的认知水平。例如:认识水杯的时候,教师可以让自闭症儿童自己先感受水杯,包括水杯的颜色、重量、味道等等。通过自我刺激性的学习以后,自闭症儿童会对水杯有一个初步的认识。如果自闭症儿童对水杯感兴趣,下一次参与活动的时候,自闭症儿童依然会主动选择水杯;如果自闭症儿童对水杯不感兴趣,下一次参与活动的时候,自闭症儿童就不会再选择水杯。这样的参与方式,是源于自闭症儿童自己的真实感受,有助于提升自闭症儿童的理解能力。

今天在利用颜料感知颜色的学习过程中,亮亮(化名)似乎很感兴趣,但是不懂得如何玩。我教亮亮将颜料放在托盘内,然后放入少量的水进行调和。学习过程中,亮亮用手指触碰颜料,或者去闻颜料的味道我都不会制止他,反而鼓励亮亮用颜料在纸上作画。我把一张白纸交给亮亮,亮亮用手指或者手掌沾了颜料,然后按在白纸上,形成一个个小手印。整节课亮亮都很开心,偶尔会发出一些笑声或者个别咿呀咿呀的发音。从亮亮的表现来看,他对于颜色还是缺乏理解,但是利用感官获取的刺激能够激发亮亮参与活动的主动性,调动亮亮的情绪。

利用多个感官共同参与活动,可以加强自闭症儿童对实物的理解,相比抽象的认知学习活动而言,实物认知更具有优势,教学效果更好。

总而言之,自闭症儿童认知发展的教育支持策略,还需要结合具体的生活资源,给予自闭症儿童自然性的教育支持资源,保证自闭症儿童能够在自然化和生活化的环境中,进行自然性的学习。整个学习过程中,教师如何为自闭症儿童建立沟通的渠道是首要问题。因为,任何有效的学习,都是在有效的沟通渠道的基础上产生的。

第五节　自闭症儿童认知发展的教育支持活动

自闭症儿童存在认知发展的障碍,需要教师提供有效的学习支持。教师应该结合自闭症儿童认知发展的特点以及实际能力,采取有针对性的教育支持活动。活动不仅具有学习的意义,同时还需要具有特殊性,能够满足自闭症儿童认知发展的需要。

活动一：找 物 品

【活动内容】

活动准备：卡片、苹果、西瓜、桃子、菠萝。

适应年龄：5～7岁。

活动要求：教师提示自闭症儿童准备上课,并且练习基本的上课常规。教师把图片交给自闭症儿童,要求自闭症儿童根据教师的指令,从图片中找到物品并且交给教师。如果自闭症儿童无法完成指令,教师将辅助自闭症儿童完成。如果自闭症儿童能够较为顺利地完成指令,教师将引导自闭症儿童对物品进行指认、配对、命名。

活动总结：

1. 活动过程中教师要结合自闭症儿童的能力，提供适当的动作引导。如果指令过于复杂，超出自闭症儿童认知能力的范围，自闭症儿童则较难完成任务。

2. 学习过程中教师要充分调动自闭症儿童的积极性，避免自闭症儿童因为缺乏学习兴趣而主动放弃或者流于形式。

【专家建议】

教师提供的图片最好是自闭症儿童认识的或者生活中经常出现的内容。这样的图片有助于自闭症儿童参与学习活动。如果教师出示的图片是自闭症儿童从未经历过的或者不认识的图片，教师要先让自闭症儿童进行概念学习，教师要保证自闭症儿童能够认识图片中的所有内容，才可以进行上述学习活动。

融合班级中，教师要提问常态儿童回答图片中的内容，并且引导常态儿童辅助自闭症儿童进行学习。当自闭症儿童无法回答问题或者离开座位的时候，常态儿童能够小声提示自闭症儿童或者将离开座位的自闭症儿童带回到原座位。

活动二：过 生 日

【活动内容】

活动准备：蛋糕的图片、橡皮泥。

适应年龄：7～8 岁。

活动要求：教师提示自闭症儿童准备上课，并且练习基本的上课常规。教师给自闭症儿童出示蛋糕的情境图片，激发自闭症儿童进行思考，思考图片中的物品是什么。如果自闭症儿童不能回答，教师将辅助自闭症儿童进行学习；如果自闭症儿童能够回答，教师将鼓励自闭症儿童利用橡皮泥做蛋糕，引导自闭症儿童切蛋糕、分享蛋糕。

活动总结：

1. 活动过程中教师不要过度强调发音问题，而是要关注自闭症儿童对图片内容的理解程度。

2. 通过实践活动加强自闭症儿童对概念的理解，以及加深对生日活动的体会。

【专家建议】

教师在教授概念的过程中，创设情境很重要。教师尽量布置过生日的情境以及让所有儿童都佩戴头饰或者进行装扮，以此营造过生日的情境和氛围。教师试图通过这样的情境和氛围激发自闭症儿童的理解能力，调动自闭症儿童参与学习活动的积极性。

融合班级中，教师要引导常态儿童像过生日一样，表现出一起唱生日歌、许愿、分享蛋糕等行为。

通过常态儿童的行为,进一步带动自闭症儿童的情绪,激发自闭症儿童参与活动的积极性。

活动三：串　珠　子

【活动内容】

活动准备：3个不同颜色的珠子。

适应年龄：5～6岁。

活动要求：教师提示自闭症儿童准备上课,并且练习基本的上课常规。教师将3个珠子摆在自闭症儿童面前,然后要求自闭症儿童找出一颗与教师手中一样的珠子。如果自闭症儿童能够理解"一样",并且顺利完成任务,教师就会将其他珠子散落在地上,引导自闭症儿童找出一样的珠子串在一起。

活动总结：

1. 活动过程中教师不要过度强调一样的概念,教师要结合儿童的认知水平,调整自己的措辞。

2. 通过实际的操作活动加强自闭症儿童对"一样"的理解,以及加深自闭症儿童对"一样"的体会。

【专家建议】

教师在引导自闭症儿童参与学习活动之前,要了解自闭症儿童的认知能力以及兴趣。如果自闭症儿童无法理解"一样"的概念,教师也可以尝试用自闭症儿童感兴趣的物品作为教具,在此基础上再提出"一样"的概念。甚至在教学之初,教师也可以尝试使用强化物,但是强化物的使用频次不要过多。

融合班级中,教师可以尝试引导常态儿童做示范,用夸张的表情和声音回答出一样的物品,吸引自闭症儿童的注意力。同时,当自闭症儿童无法回答问题或者无法参与活动的时候,常态儿童可以尝试小声提示自闭症儿童,或者协助自闭症儿童参与学习活动。

活动四：听　指　令

【活动内容】

活动准备：强化物、绘本。

适应年龄：3～4岁。

活动要求：教师提示自闭症儿童准备上课,并且练习基本的上课常规。教师将强化物放在自闭症儿童面前,等待一会,教师发出可以吃的指令,引导自闭症儿童食用强化物,同时引导自闭症儿童说："你吃吗?""我可以吃吗?"接下来,教师要出示带有吃食物的绘本,引导自闭症儿童讲述绘本,对刚刚进行的活动进行回忆。

活动总结：

1. 活动过程中教师不能够过度利用强化物,导致活动的性质发生改变。

2. 通过实际操作加强自闭症儿童对活动内容的理解能力。

【专家建议】

学习过程中,绘本学习只是对前面学习的知识进行回忆。如果自闭症儿童的理解能力不好,无法参与互动对话的互动环节,教师可以适当减少绘本学习的环节。同时,教师要注意加强对自闭症儿童的引导,如果自闭症儿童无法用语言进行互动,教师也不必过度强调自闭症儿童的语言回应。但是,需要自闭症儿童能够有基本的行为或者动作反应。

融合班级中,教师可以尝试把吃东西对话的环节,交给常态儿童来完成。教师先将儿童进行分组,每组中有 3 名常态儿童和 1 名自闭症儿童。常态儿童可以利用食物与自闭症儿童进行对话,增加常态儿童与自闭症儿童之间的交流。

活动五：讲 故 事

【活动内容】

活动准备：绘本。

适应年龄：6～7 岁。

活动要求：教师提示自闭症儿童准备上课,并且练习基本的上课常规。教师让自闭症儿童回忆上节课讲过的故事,例如：昨天我们讲的故事的名字叫什么？谁哭了？他为什么哭呢？……同时,教师在自闭症儿童讲述完毕以后,或者自闭症儿童无法讲述的时候出示绘本,引导自闭症儿童回忆故事情节,并且尽量表述自己的感受。

活动总结：

1. 活动过程中主要让自闭症儿童对语言和故事情节产生理解。如果自闭症儿童无法完成,则可以尝试其他的学习形式或者学习内容。

2. 教师不要刻意注意活动结果,多多关注活动的过程对自闭症儿童的影响。

【专家建议】

回忆对于自闭症儿童而言较为困难,尤其还需要言语表述。因此,教师在引导自闭症儿童参与学习活动的过程中,要结合自闭症儿童的能力进行适当的提问,并且选择难度适中的绘本内容进行学习。如果自闭症儿童对于对话和绘本活动都不感兴趣,教师可以继续延伸活动,将绘本内容转变为绘画活动。总之,教师提供的学习内容要尽量符合自闭症儿童的能力和兴趣,教师不可以过度强调学习的结果而忽视自闭症儿童参与学习活动的兴趣和能力。

融合班级中,教师可以将儿童进行分组,然后让常态儿童引导自闭症儿童进行对话和绘本学习。

学习过程中,常态儿童的示范和引导很重要,通过常态儿童的行为间接影响自闭症儿童参与学习活动的动机和行为。教师不要过于关注学习的结果,要多多关注学习过程。

综上所述,针对自闭症儿童的认知发展障碍提供的教育支持活动,是以促进多个心理水平为基础的,只是在活动的具体实施的过程中有所侧重自闭症儿童的认知发展。基于个体的心理活动不能单独表现的事实,为自闭症儿童认知发展提供的教育支持活动,也应该遵循这个事实。但是,在活动具体实施的过程中,教师会根据具体情况有所侧重。通过多种活动形式,促进自闭症儿童思维、想象、注意等心理活动的发展。

【本章小结】

本章节主要探讨了自闭症儿童认知的发展与教育支持,包括认知发展的相关概念,自闭症儿童认知发展的表现、特点以及评估,教育支持策略,教育支持活动。通过对概念的解读,进一步结合自闭症儿童认知发展的表现和特点,提供有针对性的教育支持策略和教育支持活动。但是,对于自闭症儿童认知发展的教育支持,教师不应该局限于个别策略或者个别活动,还需要结合具体情况,结合多种方式、方法,灵活应对,以保证教育支持的有效性。

案例思考

皮特今年15岁了,他长得很帅气,高高的个子,俊俏的脸庞上有一个笔直高挺的鼻梁,看上去非常让人喜欢。但是,你和他讲话的时候,他却发出尖尖的声音,有时还答非所问。此时,你才会意识到,在你面前的这位帅哥是一位特殊需要人士。

皮特3岁时被诊断为自闭症,家人一时间陷入困境,觉得整个世界都黑了下来,似乎前面不再有阳光。皮特不会讲话,每天都是自己一个人玩,不懂得与人互动,家里人呼唤他,他也不做任何反应。家里人对此都感到无助。经过多次诊治和求医,还是没有好转。并且,随着年龄的增长,皮特暴露出很多行为问题,心理年龄与生理年龄完全不符。皮特不懂得如何如厕,不懂得向别人发出请求,不懂得如何与人互动,不懂得如何表达需求。对此,皮特的妈妈决定一个人对皮特进行训练,要努力改变这个现状。皮特的妈妈把皮特带到洗手间,引导皮特脱裤子上厕所。但是,皮特坐在马桶上一个人发笑,似乎觉得这个行为很好玩。妈妈故意做出难堪的表情,不时地说:"好臭啊! 好臭啊!"但是,皮特却大笑,而且不断地深呼吸,再吐气,反复进行,好像臭气是香气一样,很开心地呼吸。有一次,妈妈带皮特去超市购物,要求皮特选择自己喜欢的物品,并且在收银处付款。但是,皮特拿起物品就跑,任凭别人怎么阻拦都无效。

就这样,皮特和妈妈一起生活了5年。皮特的妈妈费尽心思,希望能够唤起皮特的心智,能够让自己的孩子像普通人一样生活。

思考题

1. 皮特在面对社会规则时,他自己是不能理解还是不愿意理解呢?

2. 皮特的认知障碍会导致哪些行为问题呢?

3. 皮特的认知障碍会伴随终生吗?

4. 你认为什么样的学习方式更适合皮特呢?

第十章　自闭症儿童社会交往能力的
发展与教育

▷本章微课　PPT 教学课件

学习要点

　　1. 社会交往是指个人与个人、个人与团体或团体与团体之间的交互作用。交互作用的过程中,必须要表现一定的交互活动的能力,包括社交认知能力、社交沟通能力、社交控制能力等。

　　2. 自闭症儿童在社交技巧和社交功能方面存在障碍。

　　3. 自闭症儿童社会交往方面的教育支持策略,主要凸显以自闭症儿童为中心,利用教师积极的态度和自闭症儿童重复性的行为促进社会互动。

　　虽然人是个体,但是却不能脱离群体生活。个体通过各种各样的社会关系联合起来的集合就被称作社会。社会中的不同个体之间长期相互依存,彼此互相依赖。因此,个体才会不断发展,而社会也会不断壮大。当个体在社会群体中所进行的某种物质或者精神层面的交流活动,就被认作是社会交往。任何一个个体都需要参与社会交往活动,甚至也需要表现一定方式的社会交往行为。

第一节　社会交往与社会交往障碍

　　美国社会学家库利(C.H.Cooley)直截了当地指出,一个人的自我是在与他人的社会交往中产生的,"他的社会性行为是通过与别人的交往获得的"。库利认为,自我不是通过个人、社会的途径产生的,而是社会交往的产物。一个人的自我意识是他对其他人对自己看法的反映。"如果没有'你'、'他'或'他们'的相对意识,也就没有'我'的意识。"据此而说明,社会交往对于人的心理发展具有重要的作用,社会交往不仅有利于个体形成良好的自我意识,而且有助于个体更好地认识自己。

一、社会交往的概念

心理学的交往是指人与人之间的心理接触或直接沟通,由此而达到一定的认知;社会学中的交往是指人们特意完成的交往行为,或者通过交往行为而形成的特定的社会关系;语言学的交往是指人与人之间以一定的规则进行的语言符号交流;哲学的交往是指人与人或与人群共同体之间为了实现变革世界和生存环境的目的,通过媒体、中介而开展的相互沟通、相互影响、相互渗透、相互制约、相互改造的各种实践活动和形成的普遍的社会关系(许慧,2005)。总之,交往一定是发生在人与人之间的一种活动。这种活动包括了人的语言、行为、动作、思维等方面。

社会心理学的社会交往是个人与个人、个人与团体或团体与团体之间的交互作用、交互影响的方式和过程。它是人类特定的现象,既是人类的一种机能,又是人类的存在方式。社会学的社会交往最根本的特征是人际互动,即交往双方在心理上和行为上的交互影响和交互作用(许慧,2005)。

也有学者提出,社会交往是实现社会化的必经之路,而能否有效参与社会交往依靠的是良好的社会交往能力(林培元,2016)。社会交往是个体的人能够适应社会环境,适应社会生活,担负一定的社会角色,完成一定的社会任务,适应社会、服务社会的重要途径,是人类的一种最基本的最重要的社会活动(张丁、黄益明,2002)。

本章节中所称为的社会交往,是指个人与个人、个人与团体或团体与团体之间的交互作用。交互作用的过程中,必须要表现一定的交互活动的能力,包括社交认知能力、社交沟通能力、社交控制能力等。

二、社会交往障碍的概念

个体参与社会交往的过程中,必须表现一定的社会交往能力,如合作、分享、轮流、遵守规则、解决冲突等,社会交往能力是个体工作和生活的必备技能(梁拴荣,1999;刘宏艳、葛列众,2014)。如果个体无法表现出预期的社会交往能力,就无法顺利地参与社会交往活动。此时,个体就存在社会交往方面的障碍。社会交往障碍包括了社交心理障碍、社交功能障碍、社交焦虑障碍等。

有学者认为,社会交往障碍是指社交情境中个体不能有效与他人交往、游戏,而独自一个人打发时间的行为。这类行为具有跨时间、跨情境的一致性,是儿童社会适应困难的一种典型表现(张更立,2009)。也有学者提出社会交往障碍是指相互交往中出现了影响因素,阻碍了正常的心理情感与行为的流通过程,使人际关系陷入了危机之中(布文峰,2001)。

本章节中所提到的社会交往障碍,是指个体不能很好地理解和使用有效的沟通技能进行社会交往,并缺乏眼神交流,难以理解正常的社交信号,包括身体语言、手势、面部表情等。

第二节　自闭症儿童社会交往能力的发展

社会交往障碍是自闭症儿童的核心障碍之一。主要表现为没有正常的交往性语言,不能恰当地利用语言、表情及动作表达自己的思想,不能很好地与同龄伙伴进行沟通交流,尤其是在发起话题、回应、眼神交流、分享玩具等方面存在困难。社会交往障碍也导致自闭症儿童无法参与正常的社会活动,不能够得到社会的接纳与包容。

一、自闭症儿童社会交往能力的表现

肯纳(Kanner)认为自闭症儿童的社会交往缺陷主要表现为两个方面:一方面,性格十分孤僻,拒绝与他人沟通和交流;另一方面,知觉对象的单一性占据意识中心。其实,自闭症儿童的社会交往能力与常态儿童相比而言,自闭症儿童更多的是缺乏基本的社交功能和社交技巧。

社交功能的缺陷,表现为自闭症儿童不能主动地与他人进行社会交往,不能与他人建立长久、稳定的伙伴关系(井洁歆,2014);没有正常的交往性语言,缺乏社会性的互动,不能主动地与他人分享自己的喜悦、兴趣和成功(刘军,2014);没有办法进行社会交往,具有极少的社会兴趣,对熟悉与陌生的人不会区分,表现出冷漠、无社会性微笑,与人没有目光接触。当自闭症儿童有需求时,不懂得如何进行基本的社交以及表达个人需求。遇到困难的时候,往往会出现尖叫声、痛苦表情、大笑不止等行为,甚至会出现自伤、自残的行为(赵丽娜,2014);甚至没有正常的社交性语言,不能主动地与他人分享自己的玩具、食物以及自己喜怒哀乐的心情,缺乏人际互动(方芸,2015)。

社交技巧的缺乏表现为不懂得如何利用动作、语言、表情等基本社交策略。早期阶段,自闭症儿童会表现出回避目光接触、对声音缺乏兴趣和反应、不愿意与人贴近等行为。随着年龄的增长,能力有所改善的自闭症儿童会表现出一点社会交往的兴趣和行为。但是交往行为较为单调而刻板,对社交缺乏理解,对别人的情绪缺乏反应,不能根据社交场合调整自己的行为(杜亚松,2010)。当亲人离开时,自闭症儿童没有表现出分离焦虑,对陌生人的出现也不会表现出焦虑。不能理解他人的情绪情感,不能适当地向他人表达自己的情绪情感。同时,自闭症儿童在对他人心灵的解读能力方面,具有明显的缺陷(曹凌云,2009)。

总之,自闭症儿童的社会交往能力较差,不能够与常态儿童进行基本的社交活动,包括游戏、建立伙伴关系、解读情绪等。自闭症儿童的社交缺陷与自闭症儿童的语言障碍、认知障碍、情绪与行为障碍之间存在必然关系,多重障碍之间交互影响,共同制约自闭症儿童社会交往能力的发展。

二、自闭症儿童社会交往能力的特点

自闭症儿童社会交往能力主要表现在缺乏社交功能,即自闭症儿童的动作和言行不能起到社交的目的;缺乏社交技巧,即不懂得如何利用眼神、动作等传递社交信号。具体而言,自闭症儿童社会交往能力主要表现为如下特点。

（一）不能进行社会交往

自闭症儿童虽然能够听到声音,经过适当的训练也能够讲话,也有情绪和表情,甚至视力范围正常。但是,自闭症儿童却不能够利用语言、表情、眼神以及动作参与基本的社交活动。自闭症儿童在大部分时间里,喜欢一个人独自游戏,过度地关注玩具本身而非玩具的功能,即使有需求的时候,也无法主动发起请求、无法表达个人需求、无法建立社交活动(图 10-1)。

图 10-1　请不要不理我

（二）不能建立伙伴关系

自闭症儿童不懂得如何与同伴建立关系,甚至不懂得如何发起游戏主题;即使别人发起游戏主题,自闭症儿童也不懂得如何参与。当自闭症儿童有玩具的时候,也不懂得如何与人分享;即使有同伴向自闭症儿童分享玩具,自闭症儿童也不懂如何接受别人的分享。因此,自闭症儿童无法与同伴建立良好的伙伴关系,不能够被同伴所接受(图 10-2)。

图 10-2　我不会玩游戏

（三）无法表现出对亲人分离的焦虑

当父母离开时,常态儿童都会表现出适当的焦虑。但是,自闭症儿童面对父母的离开,不会表现适当水平的分离焦虑。即使父母长期离开,自闭症儿童也不会表现出对父母的渴求。但是,在个别案例中,个别高功能的自闭症儿童会在父母离开的几分钟之内,表现出一丝焦虑。当父母完全离开以后,即使很久都未曾出现,个别高功能的自闭症儿童依然会表现得很平常、自然,似乎父母根本就没有离开自己,不会主动寻找父母(图 10-3)。

（四）不能理解他人的感情变化

自闭症儿童在参与社交活动时,常常不懂得如何了解同伴的情感变化。如果同伴不喜欢这个话题了或者同伴对游戏内容感到乏味了,自闭症儿童还是会刻板地继续某个话题,甚至持续进行某个游戏,不懂得变通或者考虑同伴的感受。也正是因为有这样的问题,才导致更多的常态儿童不愿意与自闭症儿童互动或者共同游戏(图 10-4)。

总之,自闭症儿童的社会交往能力有独特的特点,与常态儿童相比有较大差异,严重影响自闭症儿童的社会交往活动。同时,社会交往能力不足,也是与多方面障碍之间有必然关系。因为,社会交往能力的表现,需要多个心理活动的共同参与。所以,教师对自闭症儿童进行教育支持的同时,要调动自闭症儿童多个心理活动的共同参与。

图 10-3　我不懂什么是依恋

图 10-4　我不会移情

第三节 自闭症儿童社会交往能力的评估

自闭症儿童社会交往能力的评估,主要是考量自闭症儿童是否具备基本的社交能力,能够正确使用社交技巧以及社交礼仪,能够正确与人进行社会沟通。而社交能力的评估,一定要在良好的社交环境内进行才是最为恰当的,让自闭症儿童在真实的环境中,表现真实的社交行为。

一、自闭症儿童社会交往发展领域的评估工具

有关自闭症儿童心理发展水平的评估量表,包括《心理教育评定量表》《自闭症儿童发展评估表》《自闭症行为评估量表》(ABC)、《儿童自闭症评定量表》(CARS)、《韦氏学前儿童智力量表》《克氏行为量表》《儿童适应行为量表》等。

《心理教育评定量表》中,社会交往领域评估项目共 47 项。分为社交前基本能力、社交技巧与社交礼仪三部分,主要评估儿童社交中非口语能力、认识自己、评价自己、控制自己、与照顾者的互动、与陌生人的互动、表示抱歉与表示称赞、自我介绍等方面的能力现状与需求。

二、自闭症儿童社会交往发展领域评估项目与内容举例

本章节结合不同的评估工具,对自闭症儿童社会交往发展领域的评估操作过程进行了简要的汇总(表 10-1)。

表 10-1 评估项目与评估内容

评 估 项 目	评 估 内 容
认识镜子中的自己	测试员在距离儿童面前 1 m 的距离内放置镜子,调整位置到刚刚能正面照到儿童,观察其反应
知道与回答父母的名字	测试员问儿童:"××(儿童的名字),你爸爸叫什么名字?"或"你妈妈叫什么名字?"
请求照顾者帮助拿自己想要的东西	测试员拿着儿童喜欢的食品或玩具,故意从儿童面前走过(保证儿童已经注意到),然后将食品或玩具放在桌子上,观察儿童的反应
分享	测试员 B 邀请儿童和他一起玩积木,两个人使用这些积木搭房子,测试员 B 设计情境,故意想要儿童手里的积木,测试员 A 观察儿童的反应
用"叔叔好、阿姨好——"回应别人的问候(你好)	测试员对儿童说"你好",观察儿童的反应。如果儿童没有反应,测试员再说一次

评　估　项　目	评　估　内　容
用"你好",握手并用"早上好、晚上好——"回应别人的问候	如果是在上午进行测试,测试员对儿童说"早上好",观察儿童的反应。如果在下午测试,测试员对儿童说"晚上好",如果儿童没有反应,测试员再说一次
妈妈离开时,儿童盯着妈妈并双手臂上下摆动	测试员让儿童的妈妈和儿童告别,要求妈妈对儿童说:"××,拜拜。"并向后退,观察儿童的反应
妈妈离开时,儿童迈步追,并向前伸开手臂	测试员让儿童的妈妈和儿童告别,要求妈妈对儿童说:"××,拜拜。"并向后退,观察儿童的反应
妈妈离开时,说"拜拜"但表情显出不愿意	测试员让儿童的妈妈和儿童告别,要求妈妈对儿童说:"××,拜拜。"并向后退,观察儿童的反应
用"妈妈,再见"表示告别	测试员让儿童的妈妈和儿童在电话中告别,要求妈妈对儿童说:"××,再见。"观察儿童的反应
弄坏别人的东西,会说"对不起"	测试员将折好的纸青蛙小心翼翼地放在儿童面前,对儿童说:"这个青蛙,给你玩。"儿童一拿,纸青蛙坏了,观察儿童的反应
当别人做事做得好时,口头称赞别人或通过动作称赞别人	测试员将白纸和笔给儿童让儿童画画,测试员要先观察儿童画的是什么,然后测试员画和儿童画的一样的事物,并且一定要比儿童画得更好。画好后,和儿童的画比较,观察儿童的反应

　　教师或者父母可以根据实际情况以及自闭症儿童的实际能力,有所侧重地进行评估,也可以选择适当的项目进行评估,还可以自己设定相关游戏内容进行评估。评估过程中,需要结合具体情况灵活应对,更需要采取多种方法的相互结合。

三、注意事项

　　自闭症儿童社会交往能力的评估应注意以下几方面:
　　(1) 评估过程中注重联系生活中的实物进行评估;
　　(2) 评估过程注意引导语和动作的支持;
　　(3) 借助游戏的方式进行评估,通过游戏过程反映自闭症儿童的社会交往能力;
　　(4) 结合观察、访谈等评估方式,综合评价评估结果。

第四节　自闭症儿童社会交往能力的教育支持策略

　　自闭症儿童社会交往能力的教育支持,不能脱离具体的情境。因为,自闭症儿童对于抽象的事物理解较差,不利于提升社交能力,也不利于养成基本的社交技巧。所以,通过具体的生活实践、游戏实践,达到沟通、交流的目的,在思想情感和行为方面产生相互影响。

一、以儿童为中心建立社交游戏

游戏的主题应来源于自闭症儿童个体的兴趣并且由自闭症儿童来选择何时开始和结束这个游戏活动。因为社交导向的促进者和家长都意识到社交回避是自闭症儿童社会交往中的关键问题。所以,必须以自闭症儿童为中心,努力将自闭症儿童的兴趣作为学习的起点。

(一) 听从儿童的意愿和兴趣

当自闭症儿童对他们感兴趣的某个物品特别关注时,许多传统的方法都试图转移儿童的兴趣从而扩大他们的兴趣范围。如果将这些兴趣作为进入自闭症儿童世界的途径,通过这个途径形成一种联系,可以为更多的自闭症儿童表现自发性、多变性的社会性行为做准备。

教师要善于让自闭症儿童自己选择教具或者玩具,关注自闭症儿童在游戏活动中所表现出来的兴趣,例如:教师没有设计积木游戏,但是自闭症儿童自己要选择积木游戏,教师和父母就要利用积木游戏与自闭症儿童进行互动。当自闭症儿童的积木塔倒塌的时候,自闭症儿童会表现出喜悦或悲伤的面部表情,有时会伴有言语。此时,教师和父母需要再现这种游戏情景,并且要努力"激化紧张局势"来重新创建相同的情感反应,激发自闭症儿童的言语反应和行为表现。自闭症儿童喜欢的游戏活动或者玩具以及教具,就是最好的激发兴趣的工具,兴趣又可以带动情绪或者其他心理活动的表现。

今天汤姆(化名)的积极性有点不高,不过汤姆的配合度还是很好的。今天汤姆最感兴趣的游戏就是玩撞击瓶子的游戏,玩游戏的过程中我们不断变换瓶子的位置,让游戏有难度。当汤姆能够击倒瓶子的时候,我们就一起高兴地大叫,游戏氛围变得很愉快,但是当瓶子没有被击倒的时候,汤姆就很着急,而且会故意捣乱。但是,我会依然坚持游戏规则,不允许汤姆破坏游戏规则。放学的时候,我让汤姆自己收拾玩具,并且向教师道别方可离开教室。

教学片段中教师比较关注汤姆的兴趣,利用兴趣作为教学的切入点,激发汤姆互动性的社会性行为。但是,对于汤姆的不良行为,教师也要进行关注,及时纠正和适当地引导。

(二) 对于儿童的行为做到回应并且密切关注

第二个有助于促进自发性兴趣出现的重要因素就是采用一种回应性行为。特里维特(Trivette,2003)指出这种回应性行为是指儿童做出一个行为后成年人对此所做出的反应以及行为的强度。

当自闭症儿童表现积极的正向行为时,教师和父母要给予关注,并且表现出较为夸张的表情,来激发自闭症儿童的兴趣和动机,期望下一次同样的行为继续出现,例如:自闭症儿童看到墙壁上的花朵掉了,便立刻捡起来交给教师。此时,教师和父母不仅要有言语回应,还应该伴有夸张的表情。当自闭症儿童表现自伤行为或其他异常行为时,教师和父母也要给予适当的关注和重视。因为,这些行为本身也是一种信号,在暗示着自闭症儿童有某种需要。所以,教师和父母要尝试去理解自闭症儿童所表现的异常行为所代表的社交信号,并针对其需求给予适当的回应。

　　放学的时候,汤姆(化名)不肯回家,一直拉着妈妈的手向教室内走去,汤姆的妈妈也觉得奇怪。原来汤姆只是想让妈妈帮自己带走教室内的一个红色的气球。但是,汤姆没有像同龄儿童一样主动讲述。不过,我还是建议汤姆的妈妈先让汤姆讲一下或者发一个"qi"的音再将气球给他。汤姆刚开始还是很吃力,不过后面的一次偶然的发音,与目标音很接近,于是我们就把气球奖励给汤姆,作为一种物质鼓励。

　　任何行为本身都是有意义的,是一种无声的语言。自闭症儿童不懂得用语言进行沟通或者表达个人的主观需求。但是,自闭症儿童有自己独特的表达方式,就是用行为表达个人的需求和意图。教师应该关注自闭症儿童的行为,并且利用这个契机与自闭症儿童建立良好的师生关系。

二、积极的态度促进更深层次的社交行为

　　促进一个个体真诚地、自发性地表现积极的社会性行为的一个重要因素就是积极的态度。因此,教师和父母要以接受自闭症儿童一切的积极态度面对自闭症儿童的行为表现。真诚的赞美和鼓励是建立在教师和父母的接受度的基础之上。只有对自闭症儿童使用赞美与鼓励性的言语,自闭症儿童才会表现一些更好的社会性行为。

　　教师和父母面对自闭症儿童的作品或学习结果时,要表示出赞美和鼓励性的行为。自闭症儿童即使表现了微不足道的学习行为,教师和父母也应该以赞美和鼓励的态度面对自闭症儿童的进步,用赞美和鼓励引导自闭症儿童参与融合性的教育活动。

　　今天汤姆(化名)上课时候的表现和上次差不多,还是会有一点自作主张的行为,而且很活跃,似乎有点失控,经常会不听指令。对此,我还是会坚持自己的原则,给汤姆一点适当的惩罚,经过惩罚以后,汤姆的情绪会好一点。不过,每次结束某一个汤姆喜欢的游戏活动的时候,汤姆都会撒娇一般地说不要结束游戏活动。我就会鼓励汤姆,夸奖汤姆是一个听话的小朋友,希望汤姆不要过于执著和任性。但是,我偶尔也会听从汤姆的意见,作为一种鼓励和支持,希望汤姆能够表现更多积极的行为。

　　只有一个接受性的态度才会使得自闭症儿童经常保持一个回应性的互动行为。也就是说,不要给自闭症儿童贴标签,或者对自闭症儿童的身心发展状况带有任何判断性的言语。正因为如此,教师

和父母应该给予自闭症儿童真心的守护,而不是强迫性的改变。守护的深层含义就是爱,爱自闭症儿童的一切,真心的爱可以换回更多的回报。对于自闭症儿童而言,最恰当的教育方法就是"爱",用爱心激发自闭症儿童的行为和情感的共鸣。所以,守护是爱的表现,爱要源于真心!

三、利用重复性的行为来促进社交互动

传统意义上,对于自闭症儿童的刻板性行为或重复性行为要经常采取矫正的方式进行处理,只有自闭症儿童的异常行为得到控制,才可能被常态人群所接纳。然而,在整个矫正过程中,教师和父母已经否定了自闭症儿童所表现的行为功能。其实,自闭症儿童所表现出的重复性的自我刺激行为并不是混乱的或者无用的,这些行为正在帮助自闭症儿童调节自己的行为系统,并达到体内平衡的目的。

重复的行为对自闭症儿童而言是有帮助的,并且并不是实际上随意的、混乱的、毫无意义的行为;如果自闭症儿童对某些物品感兴趣而经常重复某些行为时,教师和父母也可以模仿同样的行为,以此激发自闭症儿童对教师和父母的关注。例如:母亲每天用 20 分钟的时间模仿自闭症儿童的游戏行为,一直持续两周,自闭症儿童便能够在游戏中长时间盯着他的母亲,自闭症儿童的游戏行为也更加具有创造性。即使在两周之后,自闭症儿童盯着母亲的脸以及在游戏创造性方面仍然有持续增长的现象(Dawson & Galpert)。

今天汤姆(化名)来到学习室并没有哭闹,而且还自己主动敲门,似乎很着急上课。我主动邀请汤姆进入学习室,进入学习室以后汤姆还想出去,我没有同意。汤姆在学习室内开始变得很兴奋,而且不停地跑动和跳动,我也尝试模仿汤姆的动作,不断重复地跑动和跳动。渐渐地汤姆停了下来,我就要求汤姆每次数 3 个数,然后要求汤姆跳一下。就这样,慢慢汤姆进入状态,能够在意我的指令,我们之间逐渐能够形成配合。这样的学习效果很好,汤姆也觉得很开心。后面,我尝试与汤姆做互相推球的游戏,效果不是很好,汤姆没有推球的意识,只是随意拿球玩弄。

就教学片段的内容而言,在教学初始阶段,教师巧妙利用重复性的行为,成功引导自闭症儿童参与学习活动。因为重复性的行为是所有儿童身心发育过程中自然性的一部分。但是,在后面的学习环节中,自闭症儿童就没有顺利完成学习任务。皮亚杰(Piaget, 1963)提到,常态婴儿的发育过程中会出现大量有节奏的以及刻板的行为,每一个刻板行为都带有典型的年龄特点,随着年龄的增长而逐渐减少。有学者观察了两组自闭症儿童的重复性行为,他们发现年幼的自闭症儿童(2~4岁)表现出源于感官刺激的重复性行为,而其他年长的自闭症儿童(7~11 岁)有更复杂的重复性行为(Militermi, 2002)。所以,自闭症儿童表现的重复性行为,在某种程度上也可以视为是一种生理上的自然反应,教师和父母不必过度关注。但是,教师可以利用这样的重复性行为,更好地与自闭症儿童建立社交关系。

第五节 自闭症儿童社会交往能力的教育支持活动

自闭症儿童社会交往能力的发展需要一定的教育支持策略,同时也要有具体的活动作为平台。自闭症儿童社会交往能力的教育支持活动,主要是建立在游戏的基础上,通过调动多方面的心理活动,而共同发展。

活动一:理 发 师

【活动内容】

活动准备:梳子、玩具剪刀。

适应年龄:5～7岁。

活动要求:教师提示自闭症儿童准备上课,并且练习基本的上课常规。教师引导自闭症儿童回忆理发师怎样给自己理发,并做好示范。教师创设情境,与自闭症儿童互动,要求自闭症儿童为自己理发。如果自闭症儿童无法做出正确的行为,教师将引导自闭症儿童完成指令。如果自闭症儿童能够顺利完成指令,教师可以邀请常态儿童一同进行游戏。

活动总结:

1. 活动本身是希望自闭症儿童能够表现一定的社交功能和社交技巧。但是,教师可以尝试利用多种方式方法,调动自闭症儿童参与的积极性,以及提升自闭症儿童对活动的理解水平。

2. 学习过程中教师要充分调动自闭症儿童的积极性,避免自闭症儿童因为缺乏学习兴趣而主动放弃或者流于形式。

【专家建议】

理发师的活动设计是源于幼儿园的游戏课。对于自闭症儿童而言,这个活动可能带有一定的难度。因此,教师在设计活动的时候,可以先尝试由教师为自闭症儿童理发,引起自闭症儿童的回忆和兴趣。在此基础上,教师再尝试进行基本的社交活动,包括言语交流、付钱、行为互动等方面。同时,教师也要创设情境,尽量激发自闭症儿童的学习兴趣。

融合班级中,教师可以让常态儿童带领自闭症儿童参与学习活动。良好的游戏氛围中,常态儿童通过动作示范和协助,引导自闭症儿童参与学习活动,让自闭症儿童在学习活动中感受游戏的乐趣。

活动二：包　饺　子

【活动内容】

活动准备：橡皮泥。

适应年龄：4～5岁。

活动要求：教师提示自闭症儿童准备上课，并且练习基本的上课常规。教师引导自闭症儿童搓揉橡皮泥，并且通过反复的压、搓等动作，完成对橡皮泥的加工过程。教师与自闭症儿童比较各自橡皮泥的长短、大小，并且假装包饺子。游戏过程中，教师可以尝试引导自闭症儿童了解饺子是什么馅的，发挥自闭症儿童的想象力。

活动总结：

1. 包饺子的活动对于自闭症儿童多方面的能力都要求较高。对于教师而言，不要过度强调活动结果，要更加注重互动过程。

2. 学习过程中教师要利用活动，启发自闭症儿童表现更多的社会性行为。

【专家建议】

教师在设计活动的过程中，也可以将橡皮泥换成真正的面团，让自闭症儿童有真实的感受。学习过程中，教师可以根据自闭症儿童的能力适当加入概念因素，包括大小、长短、颜色。但是，不必过度强调概念认知。关键是在学习活动过程中，自闭症儿童的真实感受很重要。

融合班级中，教师可以引导常态儿童与自闭症儿童一同包饺子。游戏过程中，常态儿童做出正确的动作示范，引导自闭症儿童进行模仿，如果自闭症儿童无法模仿，教师也可以让常态儿童协助自闭症儿童进行学习。学习过程中，需要自闭症儿童感受整个游戏活动的氛围，以及积累与常态儿童之间的互动经验。

活动三：打　电　话

【活动内容】

活动准备：电话玩具。

适应年龄：4～5岁。

活动要求：教师提示自闭症儿童准备上课，并且练习基本的上课常规。教师分给自闭症儿童一个电话玩具，引导自闭症儿童拨电话号码，并且引导自闭症儿童接听电话进行基本的互动，教师尽量要求自闭症儿童能够表述"你好""再见"等词汇。如果自闭症儿童能力较好，可以邀请几位常态儿童一同游戏。

活动总结：

1. 电话游戏主要是引导自闭症儿童有参与社会活动的意识。对于无语言能力的自闭症儿童,教师不必过度强求自闭症儿童有语言反应。

2. 学习过程中教师要利用多种方式引导自闭症儿童参与游戏活动,注重利用活动的娱乐性引导自闭症儿童表现更多的社会性行为。

【专家建议】

教师设计的游戏活动要具有娱乐性,避免传授知识的意味过重,导致自闭症儿童缺乏学习的兴趣。学习过程中,教师可以使用真实的电话作为教具,也可以尝试用不同类型的手机作为教具,同时也可以尝试自己创造教具。教具本身就是一个吸引自闭症儿童参与游戏活动的工具,通过学习而使工具带有教育意义。因此,教师要注意把握教具的尺度。

融合班级中,教师可以将常态儿童进行分组,让常态儿童使用电话与自闭症儿童进行交流。虽然距离很近,但是要创设出使用电话的情境,增强学习活动的真实性,吸引自闭症儿童的学习兴趣。游戏过程中,不要过度强调自闭症儿童的言语回应,要更多关注自闭症儿童的社会性行为表现。

活动四:做 面 条

【活动内容】

活动准备:橡皮泥、玩具刀。

适应年龄:4～5岁。

活动要求:教师提示自闭症儿童准备上课,并且练习基本的上课常规。教师引导自闭症儿童搓压橡皮泥,并且通过反复的揉压,使橡皮泥发生变化。教师继续引导自闭症儿童将橡皮泥切好,假装进行煮面条的行为,并且互相品尝对方的面条。

活动总结:

1. 做面条的游戏需要自闭症儿童有较好的精细动作和理解能力,对于无法完成活动的自闭症儿童,教师不要过度强求。

2. 活动本身是需要自闭症儿童能够有较好的互动行为,包括分享、赞扬等行为技巧。

【专家建议】

活动过程中教师同样可以尝试使用真实的面团作为教具,在活动过程中教师可以根据自闭症儿童的能力适当加入概念学习,包括大小、长短、颜色等。同时,在活动过程中教师可以充分锻炼自闭症儿童的精细动作,让自闭症儿童能够进行揉、搓等基本动作的练习。

融合班级中,教师可以引导常态儿童组织游戏活动,让常态儿童分发教具,并且引导自闭症儿童参与游戏活动。活动过程中,常态儿童可以为自闭症儿童做示范,引导自闭症儿童进行模仿;常态儿童也可以与自闭症儿童进行合作,共同操作教具进行实际操作。不要刻意强调自闭症儿童的语言回应,要更多关注自闭症儿童的社会性行为。

活动五：传球找朋友

【活动内容】

活动准备：椅子、足球。

适应年龄：6～7岁。

活动要求：教师提示自闭症儿童准备上课,并且练习基本的上课常规。教师让自闭症儿童分别坐到三个角落,要求自闭症儿童举手表示自己对玩球的需要。教师把球传给想要玩的自闭症儿童,并且要求自闭症儿童也模仿教师的动作,和其他自闭症儿童互相传递足球,教师对自闭症儿童的动作进行指导。

活动总结：

1. 活动过程中主要让自闭症儿童对互动游戏产生兴趣,教师不必刻意强调自闭症儿童主动表达需求的行为。

2. 学习活动过程中教师要善于激发自闭症儿童对游戏的兴趣。

【专家建议】

教师在组织活动的过程中,注意引导自闭症儿童理解肢体动作和语言指令,如果自闭症儿童对语言指令的理解能力较差,教师要多引导自闭症儿童用肢体动作表达个人需求。通过不断的练习,引导自闭症儿童对游戏活动的兴趣,以及能够了解肢体动作的基本意义。同时,教师可以拓展游戏活动的内容,开展更多形式的游戏活动,激发自闭症儿童利用肢体动作表达需要。

融合班级中常态儿童的动作示范很重要,通过常态儿童的动作示范引导自闭症儿童进行模仿。如果自闭症儿童无法参与游戏活动,常态儿童要进行动作协助,辅助自闭症儿童在接球前用动作向教师表达个人需求。整个游戏活动过程中,自闭症儿童的参与程度最为重要。希望通过参与游戏活动,激发自闭症儿童更多的社会性行为。

综上所述,针对自闭症儿童社会交往能力的发展情况提供的教育支持活动,是以促进多个心理发展水平为基础的,只是在活动的具体实施的过程中有所侧重自闭症儿童的社会交往能力的发展。具体的活动实施过程中,教师可以根据自闭症儿童的实际需求,对活动内容和活动目标进行适当调整。

【本章小结】

本章节主要探讨了自闭症儿童社会交往能力的发展与教育支持,包括社会交往的相关概念,自闭症儿童社会交往能力的表现、特点以及评估,教育支持策略,教育支持活动。通过对概念的解读,进一步结合自闭症儿童社会交往能力的表现和特点,提供有针对性的教育支持策略和教育支持活动。但是,对于自闭症儿童社会交往能力的教育支持,教师不应该局限于个别策略或者活动,还需要结合具体情况,结合多种方式、方法灵活应对,保证教育支持的有效性。

案例思考

　　安东3岁时被确诊为自闭症,虽然一直接受教育干预,但是效果不佳。安东的父母都较忙,没有时间照顾安东。安东10岁的时候,就被送入普通小学,参与融合班的教育。但是,融合班大多是流于形式,班级内并没有配备专业的特殊教育教师。安东在班级里也经常被大家欺负,而且经常受到别人的愚弄。安东自己也非常不喜欢上学,因为安东在学校里没有朋友,也不懂得老师讲的知识。然而,每天安东都会被妈妈强迫要求去上学,迫不得已的安东只能每天带着玩具枪和棍棒去上学。

　　安东坐在教室里总是蜷缩着,并且喜欢一个人坐着,手里时刻握着棍棒,不喜欢别的同学靠近,眼神有些怪异。班主任老师还是期望安东的父母能够把安东带回家,而且其他同学的父母也呼吁校方劝退安东。安东的妈妈觉得安东的情绪也越来越不好,安东没有自己的朋友,总是把自己关在家里。后来,安东的妈妈决定把安东送到台湾接受融合教育。来到台湾以后,安东有了好多朋友,每天都喜欢去学校。在学校里,安东见到好朋友和教师都喜欢拥抱他们,但是教师就会在安东面前画一条线,要求安东不能越过这条线,只可以和别人握手或者挥手,不可以用力地拥抱别人。安东在班级里遇到了困难,都会有同学来帮助他,而且会耐心地向安东讲一些浅显的道理。

　　一年以后,安东的妈妈来台湾看望自己的儿子,她发现安东不再像以前一样拿着棍棒上学,而且喜欢和别人交往了,有了很多朋友,情绪也变得越来越好。安东虽然在认知方面还不如常态儿童,但是在社会性方面有了很多进步,并且表现出愿意融入社会的欲望。

思考题

　　1. 你认为影响社会交往能力的最重要的因素是什么呢?

　　2. 你认为社会环境应该为自闭症群体做出哪些改变呢?

　　3. 安东的改变对你最大的启示是什么呢?

　　4. 你认为应该如何为自闭症儿童提供社会交往方面的教育支持呢?

参 考 文 献

自闭症儿童心理发展与教育

中文文献

[1] 于文,王桂香,张瑶.我知星星——解析自闭症教育[M].北京：经济科学出版社,2014.

[2] 马玉,王立新,魏柳青,冯晴,张学民.自闭症者的视觉认知障碍及其神经机制[J].中国特殊教育,2011,(4)：60.

[3] 王文科.特殊教育导论[M].台北：心理出版社,1994.

[4] 王佳.儿童的诊治进展[J].国际儿科杂志,2006,33(1)：41-44.

[5] 王纯.自闭症儿童的感觉统合训练疗法研究[J].中国健康心理学杂志,2006,14(5)：511-513.

[6] 王辉.培智校学生的感知觉局限与感知觉训练[J].现代特殊教育,2011,(2)：36-39.

[7] 王辉.特殊儿童教育诊断与评估(第二版)[M].南京：南京大学出版社,2015.

[8] 王梅,张俊之.孤独症儿童的教育与康复训练[M].北京：华夏出版社,2007.

[9] 王善澄.精神科手册[M].上海：上海科学技术出版社,1981.

[10] 王今铮,王钢,孙廷璋等.简明语言学词典[M].呼和浩特：内蒙古人民出版社,1985.

[11] 王亚东.应用结构化教学培养孤独症儿童自我调控能力的个案研究[C].北京市第十届残疾康复学术研讨会.2008：324-331.

[12] 王淑荣,邢同渊.特殊儿童早期干预[M].北京：中国轻工业出版社,2014.

[13] 王苏弘,罗学荣.儿童青少年情绪和行为障碍的心理行为特征及干预[J].中国儿童保健杂志,2011,19(12)：1110-1112.

[14] 井洁歆.社区化教学对自闭症儿童社会交往能力提升的个案研究[D].西安：陕西师范大学,2014.

[15] 中国孤独症网[EB/OL].(2011.6.30)http://www.cautism.com/2011/6-30/116309541599969.html.

[16] 中共中央马克思恩格斯列宁斯大林著作编译局.马克思恩格斯选集·第三卷[M].北京：人民出版社,1972.

157

[17] 方俊明,雷江华.特殊儿童心理学(第一版)[M].北京：北京大学出版社,2011.

[18] 方俊明,雷江华.特殊儿童心理学(第二版)[M].北京：北京大学出版社,2015.

[19] 方芸.应用行为分析法对自闭症儿童社会交往能力的训练效果研究[D].杭州：杭州师范大学,2015.

[20] 邓瑞予.法医学[M].北京：中国人民大学出版社,1990.

[21] 冯雪.浅谈自闭症儿童的情绪行为的原因[J].教育教学论坛,2014,(7)：95.

[22] 田静伟,王梅.孤独症儿童语言训练方法的调查与思考[J].现代特殊教育,2010,(1)：36.

[23] 布文峰.论盲生社会交往障碍及其解决对策[J].中国特殊教育,2001,(1)：45.

[24] 台湾卫生主管部门[EB/OL].(2008.7.1)http：//www.lawtw.com/article.php？template＝article_content&parent_path＝,1,2169,1484,&job_id＝138553&article_category_id＝2100&article_id＝70865.

[25] 叶重新.教育心理学[M].台北：心理出版社,2011.

[26] 本杰明·B·莱希.心理学导论(第九版)[M].吴庆麟等,译.上海：上海人民出版社,2010.

[27] 朴永馨.特殊教育辞典(第二版)[Z].北京：华夏出版社,2006.

[28] 刘儒德,桑标,路海东等.心理学基础(2)[M].北京：教育科学出版社,2008.

[29] 刘绍龙,肖善香.认知、元认知与第二语言习得[J].西安外国语学院学报,2002,10(4)：37.

[30] 刘复兴.教育政策的价值分析[M].北京：科学出版社,2006：19.

[31] 刘宏艳,葛列众.面部表情识别对社会交往能力的影响作用[J].中国临床心理学杂志,2014,22(3)：413.

[32] 刘瑶青.女性主义关怀伦理学对高校德育工作的启示[J].山东行政学院山东省经济管理干部学院学报,2010,(2)：136.

[33] 刘军.体育游戏对孤独症儿童社会交往能力的干预研究[D].济南：山东师范大学,2014.

[34] 许慧.公民社会交往能力探析[J].郑州航空工业管理学院学报(社会科学版),2005,(4)：93.

[35] 任颂羔.特殊教育发展模式[M].北京：北京大学出版社,2012.

[36] 吕静.儿童行为矫正[M].杭州：浙江教育出版社,2007.

[37] 孙敦科.孤独症能够痊愈吗？——读《为自闭症儿童的一生做好准备》[EB/OL].(2010.6.1)http：//app.autism.com.cn/enterprise/jsp/templet/browse/TempletRecordShow.jsp？appHostName＝app.autism.com.cn&BrowseTID＝29&baseDn＝page％3D12875％2Cou％3D12616％2Cou％3D12612％2Cou％3D10124％2Cou％3DData％2Cou％3Dautism.com.cn％2Co％3Deast&domain＝autism.com.cn&definePk＝10124&templetID＝32&recordDetailTid＝30&sysLanguage＝cn.

[38] 孙圣涛,费叶.自闭症儿童和儿童模仿能力的比较研究[J].现代基础教育研究,2005,34(10)：20.

[39] 孙汝建.言语交际的四大障碍[J].语言与翻译：汉文版,2002,(1)：6-9.

[40] 孙立双.自闭症儿童自伤行为的功能性行为评估及干预研究[D].北京：北京师范大学,2008.

[41] 孙科炎.情绪心理学(第一版)[M].北京：中国电力出版社,2012.

[42] 李传银.普通心理学[M].北京：科学出版社,2007.

[43] 李美华.儿童孤独症的表现特征及教育对策[J].青海师范大学学报(社会科学版),1998,(3)：106-108.

[44] 李慧.言语和语言障碍的行为遗传学研究[J].中国临床心理学杂志,2012,20(6)：789.

[45] 李舜伟.认知功能障碍的诊断与治疗[J].中国神经精神疾病杂志,2006,(2)：189.

[46] 李翠鸾.结构化教育训练对孤独症儿童康复效果的研究[D].济南：山东大学,2007.

[47] 李翠鸾,瞿静,杨楹.结构化教育治疗儿童孤独症44例疗效分析[J].中国儿童保健杂志,2007,15(2)：189.

[48] 李孝洁.语言发育迟缓儿童词语理解与表达能力的应用研究[D].上海：华东师范大学,2009.

[49] 李超.视觉支持策略对孤独症儿童干预的个案研究[D].长春：东北师范大学,2010.

[50] 杜亚松.孤独症的诊断和治疗[J].实用儿科临床杂志,2010,(23)：177.

[51] 迈克尔·艾森克.心理学：国际视野(上下册)[M].北京：北京大学出版社,2010.

[52] 汪卫华,翟灵伟,郑丽,朱军,屈晓燕,冯琴妹,马东,吴亚南,汪晓东.江苏省儿童孤独症的流行病学调查[J].中国行为医学科学,2003,12(2)：173-174.

[53] 连翔.3～4岁孤独症儿童言语障碍家庭教育支持需求的思考[J].绥化学院学报,2013,(7)：100.

[54] 连翔.一例孤独症和一例亚斯伯格综合征儿童异常情绪行为问题的矫正研究[C].2011年中国高等教育学会特殊教育研究分会年会.2011.

[55] 张明平.自闭症谱系障碍研究进展综述[J].绥化学院学报,2013,33(4)：110.

[56] 张正芬.自闭症青年与成人现况调查研究[J].特殊教育学刊,1996,(14)：133-135.

[57] 张厚粲.大学心理学[M].北京：北京师范大学出版社,2006.

[58] 张述祖,沈德立.基础心理学[M].天津：天津教育出版社,2008.

[59] 张文京.特殊儿童早期干预理论与实践[M].重庆：重庆出版社,2010.

[60] 张全明.针刺治疗儿童语言障碍的临床及实验研究[D].广州：广州中医药大学,2001.

[61] 张国涛.自闭症儿童情绪与行为障碍矫正个案研究[J].现代特殊教育,2015,(5)：49-50.

[62] 张春兴.心理学原理[M].杭州：浙江教育出版社,2012.

[63] 张静,杨广学.自闭症儿童自我刺激行为的干预综述[J].绥化学院学报,2015,35(10)：88.

[64] 张光博.社会学辞典[Z].北京：人民出版社,1989.

[65] 张更立.异龄同伴交往：改善社交障碍儿童的一种有效方式[J].学前教育研究,2009,(11)：52.

[66] 张丁,黄益明.聋生的社会交往障碍和构筑聋生适应社会交往的良好心理基础[C].中国残疾人康复协会心理卫生专业委员会第三节学术交流会议论文集.2002.

[67] 张克永,李宇佳,杨雪.网络碎片化学习中的认知障碍问题研究[J].现代教育技术,2015,25(2)：88.

[68] 罗光荣.儿童自闭症：家长心中永远的痛[J].家庭医生,2006,(3)：32-33.

[69] 罗维武,林力,陈榕,程文桃,黄跃东,胡添泉,陈磁枝,杨跃丽,段荣珍,张美英,张笑英,连友华,陈静,姚兴华,黄秋明,李长远,林青,阮明.上海精神医学[J].福建省儿童孤独症流行病学调查,2000,12(1)：3-5.

[70] 沈德立,阴国恩.基础心理学(第二版)[M].上海：华东师范大学出版社,2011.

[71] 武博雅.自闭症儿童情绪行为干预的研究[J].现代特殊教育,2013,(7-8)：50.

[72] 吴瑞美.动作障碍疾病无法自主的行动——动作障碍[J].健康世界,2007,(236)：27.

[73] 陈太庄.感知觉教育在基础教育中的重要性[J].语文学刊,2014,(14)：37-138.

[74] 陈会昌.中国学前教育百科全书·心理发展卷[M].沈阳：沈阳出版社,1995.

[75] 陈燕琴,兰继军.自闭症儿童精细动作能力训练个案研究[J].绥化学院学报,2015,35(4)：77-79.

[76] 陈述祖,沈德立.基础心理学[M].天津：天津教育出版社,2008.

[77] 陈南荣.认知论[M].厦门：厦门大学出版社,2000.

[78] 陈淑贞.结构化教学之探讨与自闭症学生案例分享[J].国小特殊教育,2001,(55)：72-86.

[79] 陈丽,曹漱芹,秦金亮.利用视觉支架式教学提升自闭症儿童语言能力的实证研究[J].幼儿教育(教育科学版),2010,(5)：44.

[80] 陈凯鸣.视觉策略在特殊教育学校的应用研究[J].现代特殊教育,2001,(7)：10.

[81] 林崇德,杨治良,黄希庭等.心理学大辞典[M].上海：上海教育出版社,2003.

[82] 林培元.大学生社会交往能力培养研究[D].杭州：中国计量学院,2016.

[83] 林云强.自闭症谱系障碍儿童颜色视觉凸显的眼动研究[J].中国特殊教育,2013,(5)：57.

[84] 尚新.语言的概念：回顾与前瞻[J].西南民族大学学报·人文社科版,2003,(2)：4.

[85] 胡向阳,李兴启,蒋涛.听力言语语言康复词汇·听力学部分[M].北京：华夏出版社,2011.

[86] 胡胜花."鼓"在自闭症儿童音乐治疗中的运用[J].新课程·中旬,2013,(5)：200.

[87] 柯进.自闭症儿童：什么样的未来可以期待[EB/OL].(2008.1.30)http://www.jyb.cn/cm/jycm/beijing/zgjyb/3b/t20080511_160822.htm.

[88] 周念丽.自闭症谱系障碍儿童的发展与教育[M].北京：北京大学出版社,2011.

[89] 周瑛,胡玉平.心理学[M].长春：吉林大学出版社,2007.

[90] 周祝琴.自闭症儿童认知发展的研究[J].东南大学学报(医学版),2009,28(1)：76-78.

[91] 孟昭兰.普通心理学[M].北京：北京大学出版社,2004.

[92] 孟祥芝,孔瑞芬,周晓林.第九届全国心理学学术会议文摘选集[M].北京：中国学术期刊电子杂志出版社,2001.

[93] 杨大梅,闫玉秋,高晓翠.精神疾病的诊治与康复指南[M].长春：吉林科学技术出版社,2009.

[94] 杨珍珍,吴德,唐久来.图片交换训练法对孤独症儿童的应用效果研究[J].安徽医学,2010,(10)：1147.

[95] 杨晓玲.孤独症研究进展[J].中华医学信息导报,2006,21(21):12.

[96] 杨志寅.诊断学大辞典[M].北京:华夏出版社,2004.

[97] Gary Mesibov & Marie Howley.自闭症学生的融合教育课程:运用结构化教学协助融合.杨宗仁,李惠兰,译.台北:心理出版社,2010.

[98] 姚本先.心理学:心理学新论(修订版)[M].北京:高等教育出版社,2005.

[99] 姚伟.儿童是自然的存在[J].学前教育研究,2005,(7-8):5.

[100] 项玉,王立新,陈宝国,邹瑾.孤独症者知觉信息加工理论述评[J].中国特殊教育,2008,(3):32.

[101] 钟友彬.心理与疾病[M].北京:人民卫生出版社,1993.

[102] 钟毅平.心理学(第一版)[M].上海:上海交通大学出版社,2009.

[103] 查子秀.超常儿童心理学(第二版)[M].北京:人民教育出版社,2006.

[104] 段蕾,莫书亮.孤独症的认知障碍研究及其述评[J].心理科学进展,2010,18(2):290.

[105] 俞国良,戴斌荣.基础心理学[M].武汉:武汉大学出版社,2007.

[106] 赵丽娜.面向孤独症儿童的教育游戏设计与实现[D].上海:华东师范大学,2014.

[107] 昝飞,马红英.言语和语言病理学[M].上海:华东师范大学出版社,2005.

[108] 郑晓边,郑萱.青少年儿童异常发展与健康促进[M].武汉:华中师范大学出版社,2013.

[109] 侯祖贵.基于惯性传感器的人体动作分析与识别[D].哈尔滨:哈尔滨工程大学,2013.

[110] 钱旭强.适应性体育活动对自闭症儿童发展影响的个案干预研究[D].上海:华东师范大学,2013.

[111] 徐光兴.孤独的世界——解读自闭症之谜[M].合肥:安徽人民出版社,2010.

[112] 高钟.自闭症儿童语言训练初探[J].现代特殊教育,2014,(6):46.

[113] 特里萨·M·麦克德维特,珍妮·埃利斯·奥姆罗德.儿童发展与教育(上册)[M].李琪等,译.北京:教育科学出版社,2007.

[114] 贾燕.1~3岁婴儿动作发展研究[D].太原:山西大学,2013.

[115] 戚雨村,董达武,许以理等.语言学百科词典[M].上海:上海辞书出版社,1993.

[116] 郭荣.天津市5 000名0~6岁儿童孤独症的流行病学调查[J].中国临床康复,2004,8(6):1122-1123.

[117] 郭德华,周群,吴连春.孤独症儿童的心理干预[J].中国儿童保健杂志,2010,18(4):318-321.

[118] 郭家俊.自闭症装扮游戏的研究进展[J].中国特殊教育,2011,(6):53.

[119] 郭雷祥.自闭症儿童的问题行为表现及体育游戏干预[J].宜春学院学报,2012,34(12):139-141.

[120] 常桦,周妮.情绪管理完全手册(第一版)[M].北京:金盾出版社,2012.

[121] 黄希庭.心理学导论[M].北京:人民教育出版社,1991.

[122] 黄希庭.心理学基础[M].上海:华东师范大学出版社,2008.

[123] 梁宁建.当代认知心理学(修订版)[M].上海：上海教育出版社,2014.

[124] 梁宁建.心理学导论[M].上海：上海教育出版社,2011.

[125] 梁拴荣.幼儿社会交往能力发展研究[J].山西大学师范学院学报,1999,(1)：64.

[126] 曹凌云.即兴演奏音乐对自闭症幼儿社会交往能力的成效研究[D].上海：华东师范大学,2009.

[127] 曹漱芹,方俊明.自闭症儿童汉语词汇语义加工和图片语义加工的实验研究[J].中国特殊教育,2001,(10)：60.

[128] 曹漱芹,方俊明,顾未青.高功能自闭症儿童语言交往训练的个案研究——视觉支持性语言教学的探索[J].中国特殊教育,2009,(7)：60.

[129] 彭冉玲.普通心理学(修订版)[M].北京：北京师范大学出版社,2004.

[130] 舒明跃.儿童孤独症的临床与病因学研究进展[J].罕少疾病杂志,2002,9(2)：32-35.

[131] 景晓路,杨晓玲.孤独症近期预后状况的研究[J].中华精神科杂志,2001,34(4)：212.

[132] 韩文昌.《特殊儿童运动能力评估量表》的编制[D].上海：华东师范大学,2012.

[133] 静进.孤独症谱系障碍神经学基础与治疗[J].中国儿童保健杂志,2010,(10)：729.

[134] 詹姆斯·W·凯乐特.心理学导论(第八版)[M].长沙：湖南教育出版社,2010.

[135] 魏寿洪.AAC在自闭症儿童沟通行为中的应用分析[J].中国特殊教育,2006,(11)：44-48.

英文文献

[1] Alpert, C. L., & Kaiser, A. P. Training parents as milieu language teachers [J]. *Journal of Early Intervention*, 1992, 16(1), 31-52.

[2] Baron-Cohen, S., & Howlin, P. The theory of mind deficit in autism. In S. Baron-Cohen, H. Tager-Flusberg, & D. J. Cohen (Eds.), Understanding other minds: Perspectives orom autism (pp.466-480). New York: Oxford University Press. 1993.

[3] Baron-Cohen, S., Leslie, A. M., & Frith, U. Does the Autistic Child Have a Theory of Mind? [J]. *Cognition*, 1985, 21: 37-46.

[4] Boeschoten, M. A., Kenemans, J. L., & Engeland, H., et al. Abnormal spatial frequency processing in high — functioning children with pervasive developmental disorder(PDD) [J]. *Clinical Neurophysiology*, 2007, 118(9)：2076-2088.

[5] Bolton, P., Macdonald, H., Pickles, A., Rios, P., Goode, S., Crowson, M., Bailey, A., & Rutter, M. A case-control family history study of autism[J]. *Child Psychiatry*, 1994, 35(5)：877-900.

[6] Charlop-Christy, M. H., & Carpenter, M. H. Modified incidental teaching sessions: A procedure for parents to increase spontaneous speech their children with autism [J]. *Journal of Positive Behavior Interventions*, 2000, 2(2), 98-112.

[7] Cummins, RA. Sensory integration and learning disabilities: Ayres' fact or analyses reappraised[J]. *Journal of Learning Disabilities*, 1991, 24(3): 160-168.

[8] Dawson, G. & Galpert, L. Mothers' use of imitative play for facilitating social responsiveness and toy play in young autistic children[J]. *Development and Psychopathology*, 1990, 2: 151-162.

[9] DiLavore, P., Lord, C., & Rutter, M. Pre-Linguistic Autism Diagnostic Observation Schedule(PL-ADOS)[J]. *Journal of Autism & Developmental Disorders*, 1995, 25(4): 355-379.

[10] Fombonne, E. The prevalence of Autism[J]. *JAMA*, 2003, 289(1): 87-99.

[11] Grafton, S. T., Arbib, M. A., & Fadiga, L., et al. Localization of grasp representation in humans by positron emission tomography: observation compared with imagination[J]. *Experimental Brain Research*, 1996, 112: 103-111.

[12] Ghaziuddin, M., & Butler, E. Clumsiness in autism and Asperger syndrome: a further report[J]. *Journal of litellectual Disability Research*, 1998, 42(1): 43-48.

[13] Hart, B., & Risley, T. R. Incidental teaching of language in the preschool[J]. *Journal of Applied Behavior Analysis*, 1975, 8(4), 411-420.

[14] Heussler, H., Polnay, L., Marder, E., Standen, P., Chin, L. U. & Butler, N. Prevalence of autism in early 1970s may have been underestimated[J]. *BMJ*, 2001, 323(7313): 633-637.

[15] Jurado, MB., & Rosselli, M. The elusive nature of executive functions: a review of our current understanding[J]. *Neuropsychology Review*, 2007, 17(3): 213-233.

[16] Koegel, L.K. Communication and language intervention. In R. L. Koegel & L. K. Koegel (Eds.), Teaching children with autism: Strategies for initiating positive interactions and improving learning opportunities(pp.17-32). Baltimore, MD: Paul H.Brookes, 1995.

[17] Klin, A., Volkmar, F. R. & Sparrow, S. S. Autistic social dysfunction: some limitations of the theory of mind hypothesis[J]. *Journal of Child Psychology and Psychiatry*, 1992, 33: 861-876.

[18] Klin, A., Jones, W., Schultz, R. & Volkmar, F. The enactive mind, or from actions to cognition: lessons from Autism[J]. *Phil. Trans. R. Soc. Lond. B*, 2000, 358: 345-360.

[19] Leekam, S., Libby, S., Wing, L., Gould, J., & Taylor, C. The Diagnostic Interview for Social and Communication Disorders: Algorithms for ICD-10 childhood autism and Wing and Gould autistic spectrum disorder[J]. *Journal of Child Psychology & Psychiatry*, 2002, 43(4): 327-342.

[20] Lord, C., Risi, S., Lambrecht, L., Cook, E. H. Jr., Leventhal, B. L., DiLavore, P. et al.

The Autism Diagnostic Observation Schedule Generic: A standard measure of social and communication deficits associated with the spectrum of autism[J]. *Journal of Autism & Developmental Disorders*, 2000, 30(3): 205-223.

[21] Lord, C., Rutter, M., Goode, S., Heemsbergen, J., Jordan, H., Mawhood, L. et al. Autism Diagnostic Observation Schedule: A standardized observation of communicative and social behavior[J]. *Journal of Autism & Developmental Disorders*, 1989, 19(2): 185-212.

[22] Militerni, R., Bravaccio, C., Falco, C., Fico, C. & Palerno, M. T. Repetitive behaviors in autistic disorder[J]. *European Child and Adolescent Psychiatry*, 2002, 11(5): 210-218.

[23] Moses, LJ., Carlson, SM., & Sabbagh, MA. On the specificity of the relation between executive function and children's theories of mind[M]. In Wolfgang Schneider, Ruth Schumann Hengsteler, Beate Sodian, Young children's cognitive development: Interrelationships among executive functioning, working memory, verbal ability, and theory of mind Mahwah: Lawrence Erlbaum Associates, 2005.131-145.

[24] Mesibov, G, & Howley, M. Accessing the curriculum for pupils with autistic spectrum disorders: Using the TEACCH programme to help inclusion. London: David Fulton Publishers Ltd, 2003. 11.

[25] Nordin, V. & Gillberg, C. The long-term course of autistic disorders: update on follow-up studies[J]. *Acta Psychiatr Scand*, 1998, 97: 99-108.

[26] Prizant, B. M., Wetherby, A. M., & Rydell, P. J. Communication intervention issues for children with autism spectrum disorders. In A. M. Wetherby & B. M. Prizant(Eds.), Autism spectrum disorders: A transacitonal developmental perspective(pp. 193-224). Baltimore, MD: Paul H. Brookes. 2000.

[27] Page, J., & Boucher, J. Motor impairments in children with autistic disorder[J]. *Child Language Teaching & Therapy*, 1998, 14(14): 233-259.

[28] Premack, D., & Woodruff, G. Does the chimpanzee have a theory of mind? [J]. *Behavioral and Brain Sciences*, 1978, 4: 515-526.

[29] Piaget, J. The Psycbology of Intelligence[M]. Totowa, NJ: Littlefield, Adams & Co. 1963. 64.

[30] Piven, J., Gayle, J., Chase, G. A., Fink, B., Landa, R., Wzorek, M. M. & Folstein, S. E. A family history study of neuropsychiatric disorder in the adult siblings of autistic individuals [J]. *Am Acad Child Adolescent Psychiatry*, 1990, 29(2): 177-183.

[31] Prizant, B. M., Wetherby, A. M., & Rydell, P. J. Communication intervention issues for children with autism spectrum disorders. In A. M. Wetherby & B. M. Prizant(Eds.), Autism spectrum disorders: A transacitonal developmental perspective(pp. 193-224). Baltimore,

MD：Paul H. Brookes. 2000.

［32］ Rendle-Short，J.，& Clancy，H. G. Infantile autism［J］. *Medical Journal of Australia*，1968，1(21)：921-922.

［33］ Rizzolatti，G.，Fadiga，L.，& Matelli，M.，et al. Localization of grasp representation in humans by PET：observation versus execution［J］. *Experimental Brain Research*，1996，111：246-252.

［34］ Rocha，M. L.，Schreibman，L.，& Stahmer，A. C. Effectiveness of training parents to teach joint attention in children weth autism［J］. *Journal of Eady Intervention*，2007，29(2)：154-172.

［35］ Rogers. S. J. & Pennington，B. F. A theoretical approach to the deficits in infantile autism［J］. *Developmental Psychopatbology*，1991，3：137-162.

［36］ Ruthefford. M. D.，Richards. E. D. & Moldes V，et al. Evi. dence of a divided — attention advantage in autism［J］. *Cognitive neuropsychology*. 2007，24(5)：505-515.

［37］ Smalley，S. L.，Asarnow，R. F.，& Spence，M. A. Autism and genetics：a decade of research［J］. *Am J Hum Genet*，1988，45(10)：953-961.

［38］ Serra，G.，Demelas，L.，Tondi，M.，Festa，S.，Tola，G.，& Mastropaolo，C. Autistic disorder in fragile X syndrome Behavioral profile evaluation of 20 affected males［J］. *Ital I Psychiatry Behaviour Science*，2000，10(2)，34-38.

［39］ Stahmer，A. C. Teaching symbolic to children with autism using pivotal response training［J］. *Joumal of Autism and Developmental Disorders*，1995，25：123-141.

［40］ Schreibman，L.，Charlop. M H.，Koegel，R L. Teaching autistic children to use extra-stimulus prompts［J］. *Jornal of Experimental Child Psychology*，1982，33：475-491.

［41］ Trivette，C. M. Influence of caregiver responsiveness on the development of young children with or at risk for developmental disabilities［J］. Bridges，2003，1(3)：1-13.

［42］ Wimmer，H.，& Perner，J. Beliefs about beliefs：Representation and constraining function of wrong beliefs in young children's understanding of deception［J］. *Cognition*，1983，13：103-128.

［43］ Wing. L.，Leekam，S. R.，Libby，S. J.，Gould，J.，& Larcombe，M. The Diagnostic Interview for Social and Communication Disorders：Background，inter-rater reliability and clinical use［J］. *Journal of Child Psychology & Psychiatry*，2002，43(3)：307-325.

［44］ Whalen，C.，& Schreibman，L. Joint attention training for children with autism using behavior modification procedures［J］. *Journal of Child Paychology and Psychiatry*，2003，44(3)：456-468.

俄文文献

［1］ Городилова В.И. и Рау Е.Ф.Исправление недостатков произношения у школьников/Пособие

для учителей-логопедов［М］.Просвещение. 1952：30.

［2］ Сарафанова И. Консультации специалистов Института коррекционной педагогики［J］. РАО //

Московский психотерапевтический журнал. 2004,(1)：150-164.

附　　录

附录 1　自闭症儿童的画作

无名

　　这幅画作是一位 2 岁的自闭症儿童,在第一次参与绘画活动的时候所画的作品。当时,这位自闭症儿童无语言能力,不懂得如何表达个人需求,更加无法参与正常的社交活动。

刮风了

这幅作品还是那位 2 岁的自闭症儿童所作。当时窗外正在刮风,这位自闭症儿童就一个人站在窗前默默地看着外面。于是,我就拿起画笔和画纸,带着这位自闭症儿童在纸上随便地乱画,还不时地说:"好大的风啊!"教师试图通过这样的方式与自闭症儿童之间建立沟通的渠道。

火车

　　"火车"这幅绘画作品是一位小学三年级的自闭症儿童所作。他的心理发展水平较好,画面内容相对较为完整。但是,这位自闭症儿童还是无法很好的解释绘画作品,甚至在生活中依然会存在一些刻板行为。

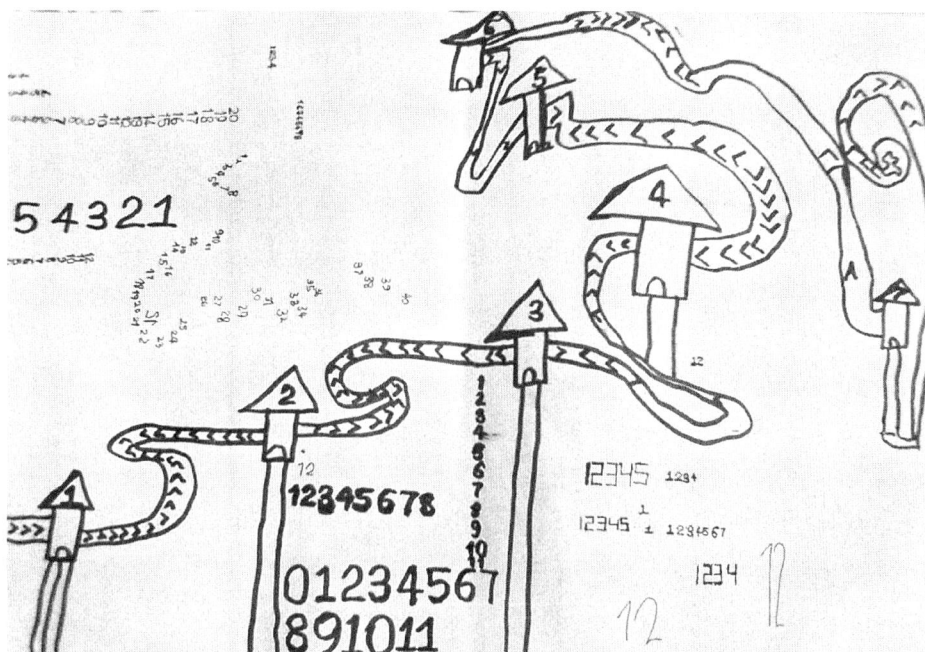

回家的路

　　"回家的路"是一名4岁的自闭症儿童所作。他的数学能力非常好,非常喜欢数字。因此,在他的很多绘画作品中都出现了数字,包括道路、房子、树木等等。同时,数字的书写方式也在发生变化,包括数字的方向、字体等。

交通工具

这位自闭症儿童已经上了小学,目前学习状态良好,基本上能够参与日常生活活动,并且有语言能力,能够进行陈述或者表达。这幅画作的内容,主要是介绍一些他常见到的交通工具,包括公交车、有轨电车等等。

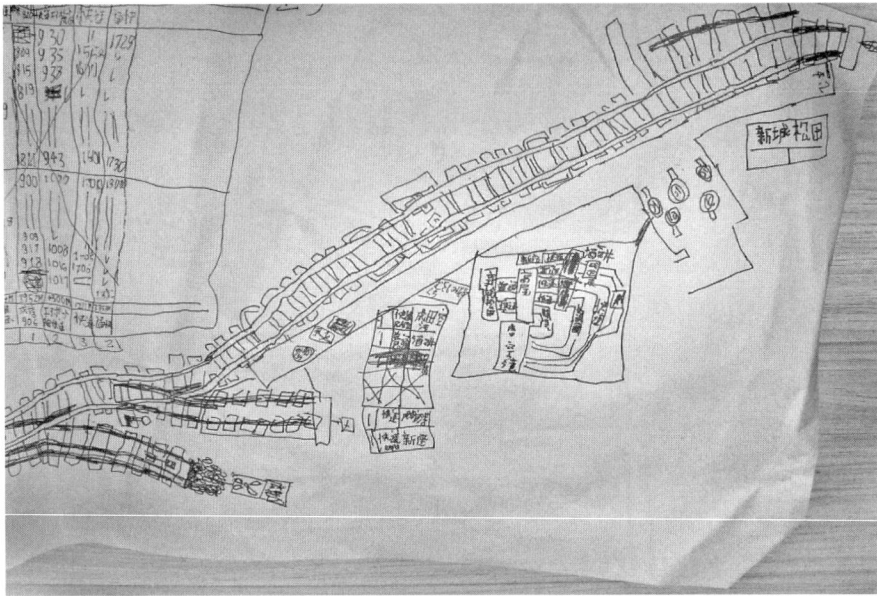

铁路线 1

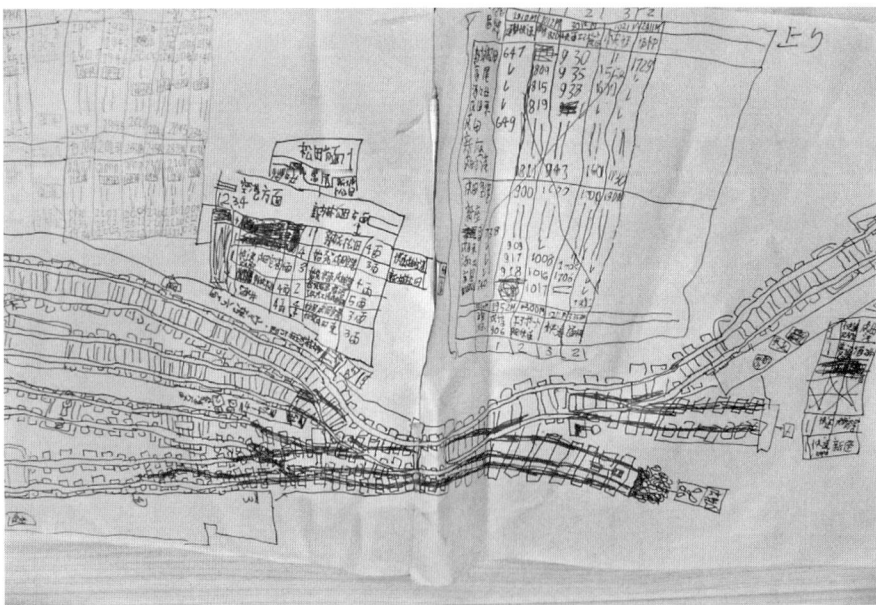

铁路线 2

"铁路线 1"和"铁路线 2"都是一位亚斯伯格综合征儿童的画作。这位儿童非常喜欢地铁线路,经常将看到过的地铁线路在纸上进行绘画,然后把自己的火车模型放在铁路线上奔跑。"铁路线 1"和"铁路线 2"本来是两幅连在一起的画作,共同构筑一张铁路线。

附录 2　自闭症评定量表

一、人际关系

1分　与年龄相当：与年龄相符的害羞、自卫及表示不同意

2分　轻度异常：缺乏一些眼光接触，不愿意、回避、过分害羞，对检查者反应有轻度缺陷

3分　中度异常：回避人，要使劲打扰他才能得到反应

4分　严重异常：强烈地回避，儿童对检查者很少反应，只有检查强烈地干扰，才能产生反应

二、模仿（词和动作）

1分　与年龄相当：与年龄相符的模仿

2分　轻度异常：大部分时间都模仿，有时激动，有时延缓

3分　中度异常：在检查者极大的要求下才有时模仿

4分　严重异常：很少用语言或运动模仿别人

三、情感反应

1分　与年龄相当：与年龄、情境相适应的情感反应（愉快、不愉快）和兴趣，通过面部表情姿势的变化来表达

2分　轻度异常：对不同的情感刺激有些缺乏相应的反应，情感可能受限或过分

3分　中度异常：不适当的情感意识，反应相当受限或过分，或往往与刺激无关

4分　严重异常：极刻板的情感反应，对检查者坚持改变的环境很少产生适当的反应

四、躯体运用能力

1分　与年龄相当：与年龄相适应的利用和意识

2分　轻度异常：躯体运用方面有点特殊（如某些刻板运动、笨拙、缺乏协调性）

3分　中度异常：有中度特殊的手指或身体姿势功能失调的征象，摇动旋转，手指摆动，脚尖行走

4分　严重异常：如上所述的情况严重广泛地发生

五、与非生命物体的关系

1分　与年龄相当：适合年龄的兴趣运用和探索

2分　轻度异常：轻度的对东西缺乏兴趣或不适当地使用物体,像婴儿一样咬东西,猛敲东西,或者迷恋于物体发出的吱吱叫声或不停地开灯、关灯

3分　中度异常：对多数物体缺乏兴趣或表现有些特别,如重复转动某件物体,反复用手指尖捏起东西,旋转轮子

4分　严重异常：对改变产生严重的反应,假如坚持把环境的变化强加给他,该儿童可能逃跑

六、对环境变化的适应

1分　与年龄相当：对环境改变产生与年龄相适应的反应

2分　轻度异常：对环境改变产生某些反应,倾向维持某一物体活动或坚持相同的反应形式

3分　中度异常：对环境改变出现烦躁、沮丧的征象,当干扰他时很难被吸引过来

4分　严重异常：对改变产生严重的反应,假如坚持把环境的变化强加给他,该儿童可能逃跑

七、视觉反应

1分　与年龄相当：适合年龄的视觉反应,可与其他感觉系统反应整合

2分　轻度异常：有时必须提醒儿童去注意物体,有时全神贯注于"镜像",有时回避眼光接触,有时凝视空间,有时着迷于灯光

3分　中度异常：经常要提醒正在干什么,喜欢观看亮的物体,即使强迫他,也只有很少的眼光接触,盯着看人或凝视空时

4分　严重异常：对物体和人存在广泛严重的视觉回避,着迷于使用"余光"

八、听觉反应

1分　与年龄相当：适合年龄的听觉反应

2分　轻度异常：对听觉刺激或某些特殊声音缺乏一些反应,反应可能延迟,有时必须重复声音刺激,有时对大的声音敏感或对此声音分心

3分　中度异常：对听觉不构成反应,或必须重复数次刺激才产生反应,或对某些声音敏感(如很容易受惊、捂上耳朵等)

4分　严重异常：对声音全面回避,对声音类型不加注意或极度敏感

九、近处感觉反应

1分　与年龄相当：对疼痛产生适当强度的反应，正常触觉和嗅觉

2分　轻度异常：对疼痛或轻度触碰、气味、味道等有点缺乏适当的反应，有时出现一些婴儿吸吮物体的表现

3分　中度异常：对疼痛或意外伤害缺乏反应，比较集中于触觉、嗅觉、味觉

4分　严重异常：过度地集中于触觉的探究感觉，而不是功能的作用（吸吮、舔或摩擦），完全忽略疼痛或过分地做出反应

十、焦虑反应

1分　与年龄相当：对情境产生与年龄相适应的反应，并且反应无延长

2分　轻度异常：轻度焦虑反应

3分　中度异常：中度焦虑反应

4分　严重异常：严重的焦虑反应，儿童在会见的一段时间内可能不能坐下，或很害怕，或退缩等

十一、语言交流

1分　与年龄相当：适合年龄的语言

2分　轻度异常：语言迟钝，多数语言有意义，但有一点模仿语言

3分　中度异常：缺乏语言，或有意义的语言与不适当的语言相混淆（模仿言语或莫名其妙的话）

4分　严重异常：严重的不正常言语，实质上缺乏可理解的语言或运用特殊的离奇的语言

十二、非语言交流

1分　与年龄相当：与年龄相符的非语言性交流

2分　轻度异常：非语言交流迟钝，交往仅为简单的或含糊的反应，如指出或去取他想要的东西

3分　中度异常：缺乏非语言交往，不会利用非语言交往，或不会对非语言交往做出反应

4分　严重异常：特别古怪的和不可理解的非语言的交往

十三、活动水平

1分　与年龄相当：指出活动水平，不多动亦不少动

2分　轻度异常:轻度不安静,或有轻度活动缓慢,但一般可控制

3分　中度异常:活动相当多,并且控制其活动量有困难,或者相当不活动或运动缓慢,检查者很频繁地控制或以极大努力才能得到反应

4分　严重异常:极不正常的活动水平要么是不停,要么是冷淡的,对任何事件很难有反应,差不多不断地需要大人控制

十四、智力功能

1分　与年龄相当:正常智力功能,无迟钝的证据

2分　轻度异常:轻度智力低下,技能低下表现在各个领域

3分　中度异常:中度智力低下,某些技能明显迟钝,其他的接近年龄水平

4分　严重异常:智力功能严重障碍,某些技能表现迟钝,另外一些在年龄水平以上或不寻常

十五、总的印象

1分　与年龄相当:不是孤独症

2分　轻度异常:轻微的或轻度孤独症

3分　中度异常:孤独症的中度征象

4分　严重异常:非常多的孤独症征象

注:本量表最高分为60分。总分60分。总分低于30分则评为非自闭症;总分等于高于36分并且至少有5项的评分高于3分,则评为重度自闭症;总分在30~36分之间,并且低于3分项目不到5项,则评为轻至中度自闭症。

一、症状标准

在下列1、2、3项中,至少有7条,且1至少有2条,2、3项至少各有1条:

1. 人际交往存在质的损害,至少2条:

1)对集体游戏缺乏兴趣,孤独,不能对集体的欢乐产生共鸣;

2)缺乏与他人进行交往的技巧,不能以适合其智龄的方式与同龄人建立伙伴关系,如仅以拉人、推人、搂抱作为与同伴的交往方式;

3)自娱自乐,与周围环境缺少交往,缺乏相应的观察和应有的情感反应(包括对父母的存在与否亦无相应反应);

4)不会恰当地运用眼对眼的注视以及用面部表情、手势、姿势与他人交流;

5)不会做扮演性游戏和模仿社会的游戏(如:不会玩过家家等);

6）当身体不适或不愉快时,不会寻求同情和安慰;对别人的身体不适或不愉快也不会表示关心和安慰;

2. 言语交流存在质的损害,主要为语言运用功能的损害:

1）口语发育延迟或不会使用语言表达,也不会用手势、模仿等与他人沟通;

2）语言理解能力明显受损,常听不懂指令,不会表达自己的需要和痛苦,很少提问,对别人的话也缺乏反应;

3）拒绝改变刻板重复的动作或姿势,否则会出现明显的烦躁和不安;

4）过分依恋某些气味、物品或玩具的一部分,如特殊的气味、一张纸片、光滑的衣料、汽车玩具的轮子等,并从中得到极大的满足;

5）强迫性地固着于特殊而无用的常规或仪式性动作或活动。

● 严重标准：社会交往功能受损。

● 病程标准：通常起病于 3 岁以内。

● 排除标准：排除 Asperger 综合征、Heller 综合征、Rett 综合征、特定感受性语言障碍、儿童分裂症。

附录 3　儿童 ABC 量表

1. 喜欢长时间自身旋转。	4
2. 学会做一件简单的事,但很快就忘记。	2
3. 经常没有接触环境或进行交往的要求。	4
4. 往往不能接受简单的指令(如坐下、过来等)。	1
5. 不会玩玩具(如没完没了地转动、乱扔、揉等)。	2
6. 视觉辨别能力差(如对一种物体的特征、大小、颜色、位置等辨别能力差)。	2
7. 无交往性微笑(即不会与人点头、招呼、微笑)。	2
8. 代词运用颠倒或混乱(你、我分不清)。	3
9. 长时间总拿着某种东西。	3
10. 似乎不在听人说话,以至让人怀疑他有听力问题。	3
11. 说话不合音调、无节奏。	4
12. 长时间摇摆身体。	4
13. 要夫拿什么东西,但又不是身体所能达到的地方(即对自身与物体的距离估计不足)。	2
14. 对环境和日常生活规律的改变产生强烈反应。	3
15. 当与其他人在一起时,呼唤他的名字,他没有反应。	2

16. 经常做出前冲、旋转、脚尖行走、手指轻掐轻弹等动作。 4

17. 对其他人的面部表情没有反应。 3

18. 说话时很少用"是"或"我"等词。 2

19. 有某一方面的特殊能力，似乎与智力低下不相符合。 4

20. 不能执行简单的含有介词语句的指令（如把球放在盒子上或放在盒子里）。 1

21. 有时对很大的声音不产生吃惊反应（可能让人想到他是聋子）。 3

22. 经常拍打手。 4

23. 大发脾气或经常发点脾气。 3

24. 主动回避与别人的眼光接触。 4

25. 拒绝别人的接触或拥抱。 4

26. 有时对很痛苦的刺激，如摔伤、割破或注射不引起反应。 3

27. 身体表现很僵硬、很难抱住。 3

28. 当抱看他时，感到他的肌肉松弛（即使他不紧贴抱他的人）。 2

29. 以姿势、手势表示所渴望得到的东西（而不倾向于语言表示）。 2

30. 常用脚尖走路。 2

31. 用咬人、撞人、踢人等行为伤害他人。 2

32. 不断地重复短句。 3

33. 游戏时不模仿其他儿童。 3

34. 当强光直接照射眼睛时常常不眨眼。 1

35. 以撞头、咬手等行为自伤。 2

36. 想要什么东西不能等待（一想要什么，就马上要得到）。 2

37. 不能指出 5 个以上物体的名称。 1

38. 不能发展任何友谊（不会和小朋友来往交朋友）。 4

39. 有许多声音的时候，常常捂着耳朵。 4

40. 经常旋转碰撞物体。 4

41. 在训练大小便方面有困难（不会控制大小便）。 1

42. 一天只能提出 5 个以内的要求。 2

43. 经常受到惊吓或非常焦虑不安。 3

44. 在正常光线下斜眼、闭眼、皱眉。 3

45. 不是经常被帮助的话，不会自己给自己穿衣。 1

46. 一遍遍重复一些声音或词。 3

47. 瞪着眼看人，好像要看穿似的。 4

48. 重复别人的问话或回答。 4

49. 经常不能意识所处的环境，并且可能对危险的环境不在意。 2

50. 特别喜欢摆弄、着迷于单调的东西或游戏、活动等(如来回地走或跑,没完没了地蹦、跳、拍、敲)。　　　　　　　　　　　　　　　　　　　　　　　　　　　　　　　4

　　51. 对周围东西喜欢嗅、摸或尝。　　　　　　　　　　　　　　　　　　　3

　　52. 对生人常无视觉反应(对来人不看)。　　　　　　　　　　　　　　　3

　　53. 纠缠在一些复杂的仪式行为上,就像缠在魔圈里(如走路要走一定的路线,饭前或做什么事前一定要把什么东西摆在什么位置,或做什么动作,否则就不睡不吃)。　　　　　　4

　　54. 经常毁坏东西(如坑具、家里的一切用具很快就给弄坏了)。　　　　　2

　　55. 在 2 岁以前就发现孩子发育延迟。　　　　　　　　　　　　　　　　1

　　56. 在日常生活中至少用 15 个但不超过 30 个短句进行交往(不到 15 句也打"√")。　　　3

　　57. 长时间凝视一个地方(呆呆地看一处)。　　　　　　　　　　　　　　4

　　《自闭症行为量表》——ABC 量表,由 KRUG 于 1978 年编制,表中列出 57 项自闭症儿童的行为特征,包括感觉能力(S)、交往能力(R)、运动能力(B)、语言能力(L)和自我照顾能力(S)五个方面。

　　要求评定者与儿童至少共同生活 3～6 周,填写者为与儿童生活至少半年以上的教师。评分时,对每一项作"是"与"否"的判断。"是"评记"√"符号,"否"不打号。把"是"的项目合计累分,总分≥31 分为自闭症筛查界限分;总分＞53 分作为自闭症诊断界限分(参考值)。

附录 4　教学观察记录表

学生姓名_____　　　　指导老师_____　　　　起止日期_____

领　　域		观察记录、发展年龄估测、教学策略
能力发展领域	模　仿	
	知　觉	
	精细动作	
	粗大动作	
	手眼协调	

续 表

领 域		观察记录、发展年龄估测、教学策略
能力发展领域	认知理解	
	认知表达	
	其 他	
行为领域	目光接触	
	配合程度	
	情绪表现	
	其 他	
强化方式和效果		

附录 5 自闭症儿童观察表

儿童个人情况

姓 名：	性 别：	年 龄：	民 族：
出生年月：	诊断医院：	诊断结果：	残疾程度：
生育情况：	有无外伤：	家庭住址：	评估日期：
入学时间：		康复机构：	

主要家庭成员及社会关系

姓　名	与本人的关系	年　龄	工作单位、职业及联系电话

自理表现观察表

（一）自理—进食

进食/进饮技能	能	偶　尔	不　能
1. 用手指拿取小块食物来吃			
2. 用吸管啜饮			
3. 用杯子喝水能不弄洒			
4. 用勺子进食能大致保持清洁			
5. 将饮品从水壶里倒出来能不弄洒			
6. 用牙签取食物			
7. 用刀在面包上涂抹			
8. 用筷子夹食物			
其他：			

1. 儿童有没有偏食问题？情况怎样？请列出他爱吃和不爱吃的食物。

2. 儿童有没有偏用食具的问题？情况怎样？

3. 儿童还有什么进食问题请列出。

（二）自理—穿衣

穿 衣 技 能	能	偶 尔	不 能
1. 脱鞋子			
2. 脱袜子			
3. 脱裤子			
4. 拉下大拉链			
5. 解开纽扣			
6. 脱外衣（纽扣已被解开）			
7. 穿鞋子			
8. 穿袜子			
9. 穿外衣			
10. 穿外裤			
11. 扣上纽扣			
其他：			

1. 儿童有没有固执于穿某些衣物？情况怎样？

2. 儿童能否有组织地自行穿脱一般衣物？情况怎样？

3. 儿童还有什么穿衣问题请列出。

（三）自理—梳洗

梳 洗 技 能	能	偶 尔	不 能
1. 自行洗脸			
2. 自行洗手及抹手（包括开、关水龙头）			
3. 拧手巾			
4. 在需要时自行抹鼻子			
5. 自行梳头且能梳整齐			
6. 自行用牙膏刷牙			
7. 自行洗澡			
其他：			

1. 儿童有否固执于某些用具及程序？情况怎样？

2. 儿童能否有组织地自行完成不同梳洗步骤？情况怎样？

3. 儿童还有什么梳洗问题请列出。

（四）自理—如厕

如　厕　技　能	能	偶　尔	不　能
1. 能用适当位置在痰盂或坐厕上完成如厕过程			
2. 如厕后自行冲厕			
3. 自行揩抹			
4. 自行去厕所,如厕后懂得洗手			
其他:			

1. 儿童在如厕上有否固执于姿势、地方或用具？情况怎样？

2. 儿童能否有组织地自行完成如厕过程？情况怎样？

3. 儿童还有什么如厕问题请列出。

社交表现观察表
A. 愿意接纳接近的情况

1. 当别人接触儿童身体时,儿童会:	□ 无反应　□ 抗拒 □ 接受 □ 其他
2. 在群体中,儿童喜欢靠近的位置是:	□ 靠近墙壁 □ 靠近墙角 □ 位置恰当 □ 其他
3. 与人交往时,儿童与人的距离是:	□ 太近　　□ 太远 □ 恰当背向别人 □ 其他

B. 运用物件及身体

1. 儿童玩玩具时他会：	☐ 只玩某种或数种玩具 ☐ 只关注玩具的某部分 ☐ 以不符合年龄的方式玩玩具 ☐ 恰当的玩耍 ☐ 其他
2. 儿童在上课或玩耍时，身体动作会：	☐ 有自我刺激行为（如：摇晃身体、自转等） ☐ 恰当地运用身体 ☐ 其他

C. 引发社交沟通

1. 儿童的沟通意欲是：	☐ 主动　　　☐ 未会主动 ☐ 其他
2. 儿童的沟通方法是：	☐ 非语言沟通　☐ 语言沟通　☐ 没有沟通 ☐ 其他
3. 有语言能力的儿童在对话时能：	☐ 有效的持续对话　☐ 未能有效地持续对话 ☐ 适当的终结对话 ☐ 未能适当地终结对话 ☐ 其他

D. 社交反应

1. 当别人与儿童有目光接触时他会：	☐ 逃避目光接触 ☐ 与别人的目光接触过度持久 ☐ 与别人没有适当的目光接触 ☐ 其他
2. 当别人与儿童沟通时他会：	☐ 没有反应　☐ 转向与他沟通的人 ☐ 回应别人的要求 ☐ 其他
3. 当别人与儿童沟通时他的回应速度是：	☐ 太快　☐ 太慢　☐ 适中 ☐ 其他

E. 障碍儿童学习的行为

有障碍儿童学习的行为：	☐ 伤害自己　☐ 伤害别人 ☐ 其他

训练员评语：

年　月　日

家长寄语：

年　月　日

附录6　自闭症儿童评估表格

儿童姓名：　　　　　　　　　　　性　　别：

出生日期：　　　　　　　　　　　家庭住址：

年　龄：　　　　　　　　　　　智力程度：

康复中心：　　　　　　　　　　　测试员：

评估日期：　　　　　　　　　　　有何外伤：

小肌肉（FM）

范　围	范围分类	测　试　项　目	P	E	F
身体操控	手部控制	① 手指插入胶泥 ② 抓握竹棒 ③ 利用前二指钳法 ④ 协调地运用双手 ⑤ 有次序地以拇指接触同一双手的其他手指			
	口部控制	吹肥皂泡			
物件操空	操空物件	① 拿走包绒铁丝上的珠粒 ② 开关灯擎 ③ 将积木投入罐内 ④ 拧开瓶盖 ⑤ 用绳子串珠子 ⑥ 用剪刀剪纸 ⑦ 制胶泥碗			
执笔写画	写画技能	能画一个完整的人形			
触觉辨物	触觉能力	辨别及交出物件			
		总分（15）			

注：发展 P/E/F
　　P 通过；E 辅助完成；F 没有通过

大肌肉（GM）

范　围	范围分类	测　试　项　目	P	E	F
坐	坐的控制/转移身体的位置	坐上椅子			
站立及步行	步行能力	单独步行			
平衡	平衡能力	单脚站立			
技　能	手	① 持球 ② 推求 ③ 将物件由一手交到另一手 ④ 用杯子喝饮品			

范　围	范围分类	测 试 项 目	P	E	F
技　能	手	⑤ 抛球 ⑥ 跨越中线取拼块 ⑦ 拍手 ⑧ 表现出使用惯用手 ⑨ 接球 ⑩ 摆动串上珠子的绳子			
	脚	① 用脚在地上推动四轮车 ② 双脚离地跳跃 ③ 踢球 ④ 表现出使用惯用脚 ⑤ 双脚交替上阶梯			
		总分(18)			

注：发展 P/E/F

P 通过；E 辅助完成；F 没有通过

手眼协调（EH）

范　围	范围分类	测 试 项 目	P	E	F
执笔写画	写画技能	① 自发的涂画 ② 仿画圆形 ③ 沿线描画圆形 ④ 仿画垂直线 ⑤ 界内着色 ⑥ 仿画正方形 ⑦ 仿画三角形 ⑧ 抄写字母 ⑨ 仿画菱形			

范 围	范围分类	测 试 项 目	P	E	F
动作物件	拼 板	① 完成拼板(形状拼板) ② 完成拼板(手套拼板) ③ 紧扣拼块			
	积 木	① 将积木放入盒中 ② 叠积木			
其 他		生字配对			
		总分(15)			

注: 发展 P/E/F
P 通过;E 辅助完成;F 没有通过

感觉反应(S)

范 围	测 试 项 目	A	M	S
触 觉	① 检视触觉块 ② 对被挠痒的反应 ③ 对轻拍的反应 ④ 对质感的兴趣			
听 觉	① 对敲板声的反应 ② 对哨子声的反应 ③ 对手摇铃声的反应 ④ 听觉灵敏度			
视 觉	视觉灵敏度			
味 觉	对味觉的兴趣			
嗅 觉	对嗅觉的兴趣			
动 觉	动作及动静			
	总分(12)			

注: 行为 A/M/S

模仿（I）

范　围	范围分类	测试项目	P	E	F
动作模仿	模仿简单操弄物件方法	① 婴儿社交游戏 ② 撮胶泥条			
	模仿简单身体动作	① 对他人模仿自己动作的反应 ② 挥手再见			
	模仿使用常见物件	① 模仿使用发生物 ② 利用物件模仿做动作			
	模仿较复杂连串动作	模仿大肌肉动作			
	模仿使用物件做较复杂的活动	① 使用万花筒 ② 操控手偶 ③ 按动响铃 2 次			
语言模仿	模仿自己能发出的声音	对他人模仿自己声音的反应			
	模仿简单声音	① 模仿动物叫声 ② 重复声音			
	模仿字词	重复字词			
	模仿说出词语及短句	① 重复数字 2 及 3 个数字 ② 重复数字 4 及 5 个数字			
		总分（16）			

知觉（P）

范　围	范围分类	测试项目	P	E	F
视知觉	视觉的追视能力	① 目光追视 ② 目光追视跨越中线			
	视觉的辨别能力	① 对手势的反应 ② 指示出拼块的正确位置（形状拼块） ③ 完成物件拼块 ④ 在碟上将颜色积木配对			

范　围	范围分类	测试项目	P	E	F
视知觉	追视眼前事物的能力	对图画感兴趣			
	视觉刺激的专注力	① 表现出使用惯用眼 ② 杯下寻物			
听知觉		① 聆听及转向敲板声 ② 聆听及转向哨子声 ③ 聆听及转向手摇铃声			
		总分(12)			

语言(L)

范　围	测试项目	A	M	S	NA
引发社交沟通	自发式沟通				
语言表达	① 语调 ② 玩声 ③ 说怪癖语与自创语 ④ 延迟性鹦鹉式讲话 ⑤ 即时性鹦鹉式讲话 ⑥ 持续而自发地重复字或声音 ⑦ 运用代名词 ⑧ 发音 ⑨ 字句组织能力				
	总分(10)				

儿童发展能力水平汇总：
A. 发展表现

范　围	P 的年龄	E 的年龄	较　强	备　注
模仿(动作)(声音)				
知觉(视)(听)(触)				
小肌肉				

范　　　围	P 的年龄	E 的年龄	较　强	备　　注
大肌肉				
手眼协调				
认知（理解）				
认知（表达）				

B. 配对能力

范　　　围	能　　够	部分能够	不能够	备　　注
能配对形状				
能配对颜色				
能配对文字				
能以实物配图片				

C. 兴趣

1. 物质：_____

2. 感知：_____

3. 其他：_____

附录 7　发育诊断评估表

记分标准：完成—◎2分　　不确定—○1分　　不能完成—×0分

领域	项　　目	临床观察项目	评估前后		得分前后	
Ⅰ 自我概念	（1）对自己和他人的区别 （2）身体概念	1　1. 叫名字有反应				
		2　2. 注意别人的声音				
		3　3. 关心他人的行为				
		4　4. 能理解自己的身体				
		5　5. 认生				
		6　6. 能理解镜子里的自己				

领　域	项　　目	临　床　观　察　项　目	评估前后		得分前后	
Ⅱ 社 会 性	（3）交往	7　1. 脸贴脸/拥抱				
		8　2. 举高高				
		9　3. 转圈				
		10　4. 挠痒痒				
		11　5. 跑步				
		12　6. 摔跤				
		13　7. 球类游戏				
		14　8. 翻滚游戏				
	（4）角色分配及规则	15　1. 拼人脸图				
		16　2. 体力循环游戏①				
		17　3. 玩卡片				
		18　4. 过家家				
		19　5. 购物游戏				
		20　6. 购物				
		21　7. 小帮手				
	（5）人际关系	22　1. 和成年人游戏				
		23　2. 和年龄小的孩子游戏				
		24　3. 和同龄孩子游戏				
Ⅲ 认 知	（6）注视	25　1. 看人				
		26　2. 看物				
		27　3. 追视人或物				
		28　4. 区别人/物				
	（7）预测行为	29　1. 看见拿了包,知道是要出门				
		30　2. 看见拿了购物袋,知道在门口等				
		31　3. 看见拿了车钥匙,会穿好鞋等着				

---

①　体力循环游戏指让孩子按一定的顺序及数量完成一些项目,结束后再做一遍或一遍以上的游戏,如走平衡木、跳圈、拍球等。

领域	项　目	临 床 观 察 项 目	评估前后		得分前后	
Ⅲ 认 知	(8) 对应关系	32　1. "哪里的嘟嘟声?""妈妈呢?"听到问题会去寻找				
		33　2. 看见饭碗知道正在吃饭				
		34　3. 门铃响会去开门				
	(9) 模仿	35　1. 点头				
		36　2. 举手				
		37　3. 电视节目模仿(儿童节目、韵律操)				
		38　4. 握手				
		39　5. 拍手				
		40　6. 用积木仿搭宝塔				
		41　7. 模仿家长、老师				
		42　8. 仿画(线条、形状、脸)				
	(10) 表现性活动	43　1. 用积木、小汽车搭一个隧道				
		44　2. 拼图				
		45　3. 把橡皮泥拉长、缩短				
		46　4. 用橡皮泥做一个可命名的东西				
		47　5. 画脸				
		48　6. 画脸以外的画				
		49　7. 会用剪刀				
		50　8. 折纸游戏				
		51　9. 写字				
Ⅳ 语 言	(11) 语言理解	52　1. 身体名称				
		53　2. 食品				
		54　3. 动物				
		55　4. 交通工具				
		56　5. 动词(坐、站、跳)				
		57　6. 方位词(前后、左右、上中下)				

领域	项　　目	临 床 观 察 项 目	评估前后		得分前后	
Ⅳ语言	(12)声音模仿	58　1. 元音				
		59　2. 辅音				
		60　3. 口唇音				
		61　4. 其他声音的模仿				
		62　5. 爸爸				
		63　6. 妈妈				
		64　7. Bye-Bye				
		65　8. 汪汪				
	(13)指认	66　1. 表达要求				
		67　2. 指认感兴趣的东西				
		68　3. 身体名称				
		69　4. 颜色				
		70　5. 插图				
		71　6. 绘画卡片				
	(14)动作表现	72　1. 再见				
		73　2. 请给我				
		74　3. 欢呼				
		75　4. 你好				
		76　5. 敲门				
		77　6. 开门				
		78　7. 去隔壁房间把球拿来				
		79　8. 请把报纸拿来				
	(15)理解故事脉络	80　1. 想听简单故事				
		81　2. 询问插图				
		82　3. 喜欢听重复的故事				
	Ⅴ运动	(16)大运动 (17)协调运动 (18)精细运动	83　1. 散步				
			84　2. 滑梯、蹦床				

续　表

领域	项　　目		临 床 观 察 项 目		评估前后		得分前后	
Ⅴ 运 动	(16) 大运动 (17) 协调运动 (18) 精细运动		85	3. 荡秋千、跷跷板				
			86	4. 平衡木、彩虹桶				
			87	5. 三轮车				
			88	6. 剪刀、穿珠				
	(19) 发声器官运动		89	1. 吹、吸、嚼、喝				
			90	2. 舌的运动				
			91	3. 口唇运动				
Ⅵ 生 活 习 惯	(20) 进食 (21) 衣服 (22) 大小便 (23) 生活		92	1. 不吃非食物类物品				
			93	2. 独立进食				
			94	3. 自己脱衣				
			95	4. 自己穿衣				
			96	5. 自己小便				
			97	6. 自己大便				
			98	7. 自己去商店				
			99	8. 自己保管零用钱				
			100	9. 去邻居家送东西				
通过率＝得分合计 / 200×100(％)								

后 记

又是一年！此时是 2017 年 1 月 2 日 19 点 37 分。这是我博士毕业后的第一个元旦假期。从学校走出来，又进入学校。地方变了、身份变了、内容变了、形式变了。突然从学生转变为教师，让我一时间还有点不适应。有一次竟然梦见自己没有毕业，还从梦中醒来。这种感觉，颇像监狱题材的电影当中，男主角被释放了，还无法适应社会生活。此话没有对当下教育的讽刺，倒是有一种"自嘲"。

《自闭症儿童心理发展与教育》是我在毕业以后完成的一本著作。这本著作融合了一些图片和教学片段，以相关的理论和文献作为基础，进一步阐述和解释自闭症儿童不同心理层面的特点以及教育支持活动。著作能够顺利完成，需要感谢很多人，其中为这本著作收集资料的人员功不可没。这些人来自北京师范大学珠海分校的苏世杰、石时进、雷雨、雷欣怡、曾燕双、汪萌霞、崔格格、强敏、林艳红、孙新麟。大家的共同努力，才保证了这本书的顺利完成。在此，向大家的付出表示感谢！

时间总是匆匆地来，也匆匆地走，似乎在催促着我们加快脚下的步伐。而我们在加快行进时，却忘记了欣赏周边的人、周边的物。书稿完成了，才觉得房间内的确有些冰冷，对于冬天的到来似乎才刚刚有了了解。不知道，泉州的冬天与澳门的冬天相比，哪个会更冷。

连 翔

书于泉州宝秀小区

图书在版编目(CIP)数据

自闭症儿童心理发展与教育/连翔编著. —上海：复旦大学出版社,2018.11(2024.8重印)
ISBN 978-7-309-12961-8

Ⅰ.①自…　Ⅱ.①连…　Ⅲ.①孤独症-儿童心理学-教育心理学　Ⅳ.①G760②G44

中国版本图书馆 CIP 数据核字(2017)第 099557 号

自闭症儿童心理发展与教育
连　翔　编著
责任编辑/赵连光

复旦大学出版社有限公司出版发行
上海市国权路 579 号　邮编：200433
网址：fupnet@ fudanpress.com　　http://www.fudanpress.com
门市零售：86-21-65102580　　团体订购：86-21-65104505
出版部电话：86-21-65642845
江苏句容市排印厂

开本 890 毫米×1240 毫米　1/16　印张 13　字数 283 千字
2024 年 8 月第 1 版第 3 次印刷

ISBN 978-7-309-12961-8/G·1715
定价：45.00 元